*Maria's Switch*
*turns you on to fall in love*

# 「マリアスイッチ」
## で愛する力が動き出す

メンタルトレーナー
久瑠あさ美
*Asami Kuru*

講談社

# 「マリアスイッチ」で愛する力が動き出す

久瑠あさ美

講談社

あなたはいま誰かを愛していますか
あなたは誰かを愛する前に自分自身をちゃんと愛せていますか

夜空の月があんなにも美しく輝くのは太陽の存在があるから。
太陽が月を照らすように
あなたの存在が誰かの存在を輝かせる……。
ただそこにいてくれること
存在が力になる瞬間
そこには愛が溢れているのです。

あなたの存在が誰かの存在を輝かせる
これこそが愛する力の真意なのです。

「愛する力」は大切な誰かの人生を輝かせ
あなたの人生をも輝かせてくれます。

Maria's Switch

# CONTENS

Maria's Switch
CONTENS

# プロローグ

「恋愛が上手くいかない」「出会いがない」と恋愛や結婚をあきらめてはいませんか？

私のメンタルルームにも日々、そんな女性たちが「自分を変えたい」「このままでは、そろそろまずい」とトレーニングに訪れます。

誤解されがちですが、あなたを恋愛から遠ざけてしまう理由は、誰かに愛されるための魅力がないからではありません。その真の原因とは、あなたが「愛する力」に磨きをかけてきていないからなのです。

恋愛が上手くいかないのは、性格や容姿のせいでは決してなく、人間の持つ最大の武器である「心のチカラ」について、多くの人が知り得ていないからなのです。

その「心のチカラ」こそが、この本でお伝えしていく「愛する力」です。

「愛されたい」「モテたい」というのは、人から求められるのを待っている受動的な行為です。けれども現代社会では、いくら愛されるのを待っていても、なかなか望むような未来は訪れません。

経済的な問題や女性の自立、男性の草食化など様々な要因によって、積極的に「愛する」ことをためらう人が増えています。

だからこそ、あなたは自分から「愛する力」を武器として身につける必要があるのです。

あなたは、愛や結婚、幸せについて、どんな考えを持っていますか。

「結婚相手が○○だったら最高」「○○な幸せを手に入れたい」といった理想を持っている人は多いものです。けれどもこうした「○○」に入る条件は、はたして本当にあなたの心の底から出てきた概念なのでしょうか?

理想の恋愛や結婚について一つひとつ分析していくと、そうした考えは、あなたの本音でないことが多いのです。

その根っこには、「周りがみんなそうしているから」といった自分以外の誰かの考えであることが多いのです。

他人や世間など、外側から決められた条件を追い求めても、人は本当の意味で幸せに近づくことはできません。

あなたの人生において大切なのは、周りの誰かではなく、あなた自身です。幸せな愛を手にするための手段は、あなたの外側ではなく、内側に在るのです。

出口の見えない不況や雇用不振、多くの社会的問題をかかえている現代の日本。脈々と受け継がれてきた、「女性の一生はこう在るべき」という概念は、もはや崩れ去っています。これまで結婚適齢期とされてきた年齢を過ぎ、30代に突入しても「結婚の予定はない」という人が一般化しつつあります。

結婚適齢期だけではありません。年齢の概念や「女性と仕事の関係性」、そして「女性と男性の関係性」なども、以前からは大きく変化しています。

**これまでの価値基準が崩壊してしまったなかで、今私たちに必要なのは、自分自身の「在り方」を自分で決めること。つまり、「幸せの基準」を自分の内側に創ることが求められているのです。**

自分の基準さえ確立していれば、世間の価値基準がどう変わろうと、あなた自身の幸せを見失うことはなくなります。未来のために何をしたらいいのかわからない、という迷いや不安からも解放されるでしょう。

幸せの基準を見つける際の大前提となるのは、「どんな人生を送りたいのか」ということに、あなた自身がとことん向き合ってみること。すると自分が望む恋愛や結婚のカタチが自ずと見えてきます。

私は「結婚」に対して、肯定する気持ちも否定する気持ちも持っていません。

大切なのは、「その人にとってどうであるか」だからです。

メンタルトレーニングでは、そうした一人ひとりの「どうしたい」という答えを、潜在意識にアクセスし、一緒に見いだしていきます。

例えば「専業主婦になって、夫や子どものために家庭を守りたい」のか、「結婚というカタチをとらずに自由に生きる」のかは、あなた自身が決めることです。

世間や他人といった、外側の要因で決められるものではないのです。

あなたの人生はあなたが決める。

そのために、「あなたの内側に眠っている潜在意識」と向きあうのです。

**潜在意識とは、人間の心の奥底にある本音のこと。**

私はこの本を通じて、あなたと一緒にあなたの潜在意識にアクセスしたいと考えています。

これから5章にわたって、私が日頃メンタルルームで行っている5日間のトレーニングを、紙上であなたと一緒に行っていこうと思います。

内容は「愛する力」を鍛えるためのトレーニングプログラムです。

「なぜか恋が上手くいかない」「出会いがない」「過去の恋愛がトラウマになって踏み出せない」と悩んでいた方も、この愛についてのメンタルトレーニングを受けることで、「愛する力」を身につけ、能動的な愛を実践しています。

次は、あなたの番です。

さあどうぞ、メンタルルームの扉を開けてください。

あなたの潜在意識を目覚めさせる「マリアスイッチの入れ方」を、さっそく学んでいきましょう。

# マリアスイッチとは？

あなたはこれまで、自分以上に誰かを愛した経験がありますか？

想像上の愛でもかまいません。現実の体験であるかどうかは重要ではないのです。

あなたが自分を超えるほどの愛を生み出す、その瞬間に入るのが**「マリアスイッチ」**です。

マリアスイッチの「マリア」は、その名のとおり聖母マリアを意味しています。

聖母マリアのように崇高で凛とした純潔の愛。

その愛を経験することが、あなたの人生に多大なる変化をもたらすのです。

もちろん聖母マリアのように、24時間３６５日「マリアスイッチ」を入れておく必要はありません。あなたにはあなたの自我が在り、あなたのしたいことを実現するためにこの世に誕生したのですから。あなたの人生において自我をもって「在るがままの自分」を生きることは、素晴らしいことなのです。

人間はどうしても、目に見える形として存在するものに心を乱されてしまいます。

愛についても同じです。

そもそも愛とは目に見えないもの、心で感じるものであるにもかかわらず、人は愛をカタチあるものにかえて、手に入れようとしてしまいがちです。

結婚においての婚姻届、夫婦という関係性、彼氏彼女という存在、誕生日プレゼントといった概念、「物理的にそばにいること」で愛もそこに存在しているのだという思い込み……。

恋愛中に不安を覚えるのは、愛が目に見えないことが原因ではありません。根本的な原因は、愛を自ら生み出していないことにあります。他人が生み出す愛を「契約」や「約束」といった形で確認しようとすればするほど、それを失う喪失感ばかりが募っていくのです。

私がこの本でお伝えしていきたい**「マリアスイッチ」**とは、いつまでも不安が消えない物理的な次元の愛から、あなたを解き放ってくれる心のスイッチです。女性であれ男性であれ、潜在的に持っているもので、あなたの愛する力を無限に引き出してくれる「武器」としてのスイッチともいえます。私は**これからの社会において必要とされるのは、この能動的に自分発信で伝えていく「愛する力」なのだと感じています。**

私たちは物理的生物である以上、この物理空間に縛られて人生を生きる定めにあります。けれども、心の次元は無限に引き上げることができるのです。

「愛する」という力こそ、誰もがもつ潜在意識に秘められた無限の力です。人はそれを意識化できていないだけで、計り知れない力を内側に宿しています。

マリアスイッチこそ、あなたの「愛する力」を無限に引き出してくれる無敵のスイッチ。この飽食の時代に必要とされている愛とは、奪い合ったり競い合ったり、試したり駆け引きしたりするのではなく、自らが生み出す愛、自分を高めてくれる愛なのです。

私のメンタルルームには、日々様々な年代の男女が訪れます。そのなかでどんなに探してもどこにも見つからない愛を、自らの内側で生み出そうとトレーニングに励む方が増えています。そうした**「内側から溢れ出す愛」**こそが、社会を生き抜くための「人間力」となっていくのです。

震災後に婚活ブームが起こったのは周知のことですが、実はその裏で、多くの「自活ブーム」も起こっています。メンタルルームを訪れるのは、この先の人生を自分主導で生き抜きたいと望む女性たち。先行きの見えない社会で外側が揺らいだときに、自分はどう生きるべきなのか……。周囲の雰囲気に振り回されてパートナー探しにかけずり回ってきたものの、どうもしっくりこなかった。そこで意識改革を起こし、自分の生きる道を再構築しようとしている女性が増えているのです。

こうした女性たちとのメンタルトレーニングを通じて、私は、多くの人がこのスイッチの存在を自らの心の内側に見いだす瞬間を目の当たりにしています。彼女たちがそれぞれのマリアスイッチを入れることで、「その人の愛の力」が溢れ出す瞬間は、とても感動的なものです。

たとえば赤ん坊や子犬、ひっそりと咲く花を見たときなど、世の中の様々な存在を愛おしく思う瞬間に、あなたのマリアスイッチが入り、愛する力が引き出されていきます。そして、初対面の人や苦手だと感じている人はもちろん、まだ見ぬ相手でさえ、無条件に受け入れることができるようになります。絶対的に彼らの存在を肯定し、偽りなくただ「在りのままのその存在」を丸ごと愛することができる力が引き出されてくるのです。

このスイッチを見つけたあなたは、もう無限の可能性を手にしたようなもの。まさに、「無敵のマリアスイッチ」といえるでしょう。

「自分がどうしたいのか」を明確に把握し、その未来を瑞々しい感性で思い描き、強く信じ続ける勇気を持つこと。

マリアスイッチを手にすれば、あなたが望む未来に相応しい「愛」を実践することができます。

人生を変えていくのは心の在り方です。

人が望んだ分だけ変化させることができるのが、未来、そして自分自身の人生です。

それを実現してくれるのが、誰の心の中にも眠っている「マリアスイッチ」なのです。

一日目

# 「愛される力」ではなく、「愛する力」を鍛えましょう

**今あなたに必要なのは「愛されるテクニック」ではありません**

晩婚化、非婚化が指摘され、パートナー探しに苦労している男女が多いとされる現代日本。長引く経済不況や雇用不安のなか、多くの人々が確かな絆や恋愛を求めてさまよい歩いています。

そうした要望を受けてか、世の中には、「愛されるテクニック」や「モテファッション」といった、「愛されるためのハウツー」を教える記事や情報が溢れています。けれどもこうした流行は、過去の「愛のカタチ」に基づいて生み出されたもの。つまり、自分以外の誰かの成功

体験の統計から生み出され、マニュアル化されたものです。それがあなたの恋愛にも適応できるのか、それともかけ離れたものなのかまでは、決して考えられてはいません。実際にそうした記事を読みながら、「こんなことをしても、幸せになれない」と、気づきはじめている人も多いでしょう。

あなたに今、本当に必要なのは、愛されることではありません。今こそ、「愛する力」を鍛えるための、マリアスイッチの入れ方を知ることが大切なのです。

あなた自身が望む幸せをつかめるか否かは、「愛する力をどれだけ、大切なその人に注げるか」、つまり**「その人に対する愛する力を、自分の中からどれだけ引き出せるのか」**にかかっています。

「愛する力」を生み出すマリアスイッチは、もともと人間のなかに備わっているもの。トレーニングをして鍛えれば、誰でも、自分が望む愛を手に入れることができるようになります。

**潜在意識のなかに眠っている「愛する力」は、メンタルトレーニングによって、意図的に引き出すことができるのです。**

「愛する力」を鍛え、マリアスイッチの入れ方を知れば、年齢も、学歴も、収入も、外見も、すべてを超越した「幸せを勝ち取るための武器」を手に入れることができます。あなたに「心」さえ在れば、その心はいかようにも創り変えることができます。まだ発見されていない潜在的な能力を引き出し、今以上に魅力溢れる心に磨きあげることができるのです。

## 男性の草食化は「退化」ではなく「進化」

では、「愛する力」を鍛える実践に入る前に、まずは今の日本の恋愛・結婚事情の現状を見ていきましょう。

少し前、「草食男子」「肉食女子」という言葉が話題になりました。女性に積極的でない「草食男子」と、自ら男性を狩りに行く「肉食女子」。今ではすっかり定着し、「彼が草食だからもの足りない」「あの子は肉食だから」などと、日常的に使われるようになっています。このように現代では、「女性に対して積極的に攻めない男性」と、「自ら男性を狩りに行く積極的な女性」といった男女逆転現象が起きているのです。

例えば、結婚を前提とした相手を探す「お見合いパーティ」の様子をのぞいてみましょう。そうしたパーティでは、出席者の7割以上が女性、というものも少なくないようです。そのなかで女性はターゲットに据えた男性を虎視眈々と狙い、男性たちは萎縮する……、といった現象が起きているのです。

パーティに出席している男性たちのほとんどは、自分の将来に危機感を感じて結婚相手を探しにきています。そんな彼らですら尻込みさせてしまうわけですから、ましてや結婚を望んでいない未婚男性を狙う女性たちの苦労は大変なものです。

少子化や晩婚化にもつながるこうした傾向を、「人間の退化」と捉える意見も少なくありません。

けれども、本当にそうなのでしょうか。

日本の若い男性が草食化しているのは、わざわざ狩りに出て目の前にいる生身の女性をターゲットにして追いかけるよりも、ずっと確実で魅力的な「食べるべき草」があるから、ということにほかなりません。

現にインターネットやＤＶＤなどの世界には、バーチャルな世界ではありますが、理想どおりの女性がたくさん存在しています。さらに、自分は料理ができなくてもコンビニなどで食事をまかなえますし、一人で生きていける環境が十分整っているのです。何もあえて、大変な狩りの世界に出て行き、エネルギーを使う必要などないのです。

バブル経済の全盛期には、男性が狩りに出ることは当たり前の風潮でした。それは男性にとっても大きなメリットを得られる行動だったからです。当時、素敵な女性を連れて歩けることは、男性の大きなステイタスでした。

けれども交際や結婚に興味がない男性が増えている今では、たとえ女性に囲まれていても、かつてほど羨望の眼差しで見られることはありません。

さらに前の高度経済成長期のころは、仕事面でも同じようなメリットが得られていました。一生懸命仕事に打ち込んでいれば、その後何十年も、給料が右肩上がりになる時代が続いたからです。それが今では、自分がリストラされることや、会社自体がなくなってしまうことを想定しておかなければいけない時代になりました。そんななか、何に対して情熱を燃やしたらいいのか、男性たちが本気を出しづらい状況に陥っています。

これでは、恋愛にも仕事にも、本腰を入れて打ち込むモチベーションなど見つけられるはずもありません。男性たちが「肉を追い求めてさまようくらいなら、ただそこに生えているお手軽な草を食べているほうがずっと楽」と思ってしまうのも、いたしかたないのかもしれません。

リスクをおかしてまでも手に入れたいほどに、女性たちが魅力的な存在にならない以上、彼らはこれからもずっと、足元に生えているだけの「草」を食べ続けることでしょう。

団塊世代やバブル世代の男性たちは、「今の20代、30代の男たちは本当に骨がない」と嘆いています。けれどもそれは、今の時代を生き抜くための進化。そして現代の20代、30代の男性たちの生き方は、時代にマッチングした、効率の良い生き方なのかもしれません。

「種の保存」においてもっとも強い遺伝子とは、運動能力や統率力といった能力の高さよりも、環境や状況の変化に柔軟に適応できる遺伝子なのです。ですから「草食系男子」たちは、「適合力のある優れた人間」とも言えるでしょう。

しかし、彼らと同世代の20代、30代の女性たちは、そのように悠長なことも言っていられません。

これまでは、女性が待っていれば、男性たちがアプローチしてくれる時代でした。たとえ女性が逃げたとしても、追いかけてくる積極的な男性が多かったのです。ところが現在では、女性が待っていても誰も寄ってきてはくれません。ちょっともったいぶって返事を保留しようものなら、振り返れば誰もいない、という状態に陥ります。これまでは通用していた「モテファッション」や「愛されテクニック」を駆使しても、何の効力も期待できない時代が訪れたのです。

こうした世相を受けて、「追いかけてこないならば、自分から行こう」と、積極的に男性にアプローチをする女性が増えています。けれどもターゲットを追いかけてみたところで、あいまいに交際や結婚をはぐらかされ、なかなか望む関係を結ぶことができないケースも多いのです。追いかけていく本能を退化させた草食男子たちにとって、ターゲットを定め、「重要な決断をすること」は、もはや「失われた能力」といっても過言ではありません。

これでは女性はさらにお腹を空かせ、より積極的に狩りに出て行くことで、ますますオス化してしまいます。

いっぽうで、婚活ブームとは別に自活ブームも到来しています。絶滅しかけたターゲットを探して未来を託すよりも、自力で生きていこうと意識を変える女性が増えているのです。草食化した男性に魅力を感じられなくなった女性たちは、男性に期待も依存もせずに、自らの人生を充実させようと励んでいます。仕事や趣味の時間を優先すると同時に、恋愛や結婚の優先順位は下がり、結婚しない女性は増え続け晩婚化は進むいっぽうです。

他方では「一生独りで生きていく」という覚悟を持つことも、仕事に対する自信を持つこともできず、「婚活ブーム」にとりあえずのってみた、という女性たちも増え続けています。けれども婚活してもなかなか思うような成果が出ず、結局、「自分がどうしたらいいのか」さえもわからずに、自分を見失っている人がいるのも事実です。

大切なのは、「結婚できるかできないか」ではなく、「自分がどう生きたいのか」ということ。その答えを見つけないかぎり、やみくもに走り回ったところで本当に欲しいものは手に入りません。

けれども**自分の内側に目を向ければ、答えは必ず見つかります。結婚したい気持ちも、誰かを愛したい気持ちも、決してあきらめることなどないのです。自分の限界を決めるのはあなたであり、その限界を拡げることができるのも、またあなたなのですから。**

そもそも人間の心の奥底には、「誰かに頼りたい」「つながりたい」といった、強い願望が隠れています。これは時代にかかわらず存在する、人間の本能と言っていいでしょう。

こうした本能に火をつけることができれば、必ず理想の相手と理想の関係が築けるようになるのです。その唯一の方法こそ、「マリアスイッチ」で愛する力を最大限に引き上げること。

どんな時でも、どんな状況にあったとしても、あなたが未来の愛をあきらめる必要は、どこにもないのです。

## 「若い女性」、「財力のある男性」に惹かれるのは人間の本能

恋愛マーケットを見てみると、男性たちに最も人気があるのは「24歳の女性」。それに対して、女性たちの目を一番輝かせるのは「年収一千万以上の男性」です。一般的に言われるように、男性はやはり「若い女性」に目じりを下げ、女性は「高収入の男性」に色めき立つのです。では、なぜ若い女性と高収入の男性が、こうも人気を集めるのでしょう。

24歳の女性といえば、社会人として働くことにも少し慣れ、ちょうど花が咲きはじめたような状態です。これから拡がる未来の人生に、意気揚々と向かっているころです。

その前向きかつひたむきで、でもどこか頼りない様子に、男性たちはこぞって「何かしてあ

げたい、助けになりたい」と感じます。恋愛経験はあるけれど、豊富というほどでもない。ほとんどの男性にとっては「まだまだ太刀打ちできる経験値」であることも魅力になります。

24歳の女性には、さらなる武器があります。

それは、生殖機能がピーク期に入るということ。子宮や卵子が成熟し、「いつでもあなたの子どもが産めます」という生殖的な黄金期に突入しているのです。

ですから男性が24歳の女性をもてはやすのは、本能的なものともいえます。私たちは人間である以前に動物ですから、こうした「メス」に「オス」が反応するのは、当然のことなのです。

このように生殖的にも魅力的な「24歳の女性」に対して、男性は本能的に「僕を選んでくださいい」とアピールをします。ちょうど孔雀のオスが羽を広げたり、ライオンのオスがたてがみを誇示したりして、「自分の遺伝子は素晴らしいですよ」と、メスにアピールをするのと同じです。

一方で、経済的に余裕がある男性との結婚に憧れる女性心理は、昔も今も変わりません。こんな時代ですから「年収一千万の男性がいい」と吹聴してまわる女性は少ないかもしれませんが、できることなら財力のある男性と結婚したい、と思っている女性は多いでしょう。

自分の子どもが育てられる巣作りを、よりよい環境でサポートしてくれるオスを選ぼうとするのは、動物のメスとまったく一緒です。人間は人間である以前に、子孫を残すという本能を持った動物なのです。

ですから女性がより多くの資産を求めるのは、男性が24歳の女性に惹かれるのと同じ原理といえます。

こうした本能による欲求は、自然に生まれてくるものです。けれども私たちは、本能だけで生きている動物ではありません。動物たちにはない、「心」を持った生き物なのです。したがって、経済的に恵まれた環境で毎日を送れることと、心が満たされているかどうかは、また別の話になってきます。

現在の日本は、高度経済成長時代とも、バブル経済の時代とも、まったく異なる状況に陥っています。それなのに、幸せの価値基準だけが当時のままの、「目先の幸せを追いかけ、形あるものに価値を見いだす」というものでは、ひずみが生じてくるのも無理はありません。婚活ブームが起きているにもかかわらず結婚率が下がり続けるのは、バブル期に溢れていた物理的豊かさが一掃されてしまい、男性が女性に誇示できるものや、女性が男性に求めるものが、見いだせなくなってしまったからなのです。今まさに、結婚の価値が男性にとっても女性にとっても変わりはじめています。

女性の自活ブームはこうした動きに対しての最適化現象であり、女性たちが草食男子を追いかけなくなったことの表れなのです。

大切なのは、こういった厳しい現実社会のなかで、あなた自身が自分の人生をどう捉えていくのか。そして、どんな思いで生きていくのかが、とても重要な課題になっていきます。

果たして本当に必要な条件は、「年収一千万の男性」なのでしょうか。

現在の日本の状況では、安定した収入というのはもはや幻想にすぎないほど、経済は停滞しています。こんな不確かな時代に、そんな不確かな判断基準で、自分の大事な人生のジャッジを下してしまっていいのでしょうか。

現代は、目に見える価値や、過去が生み出した価値基準が一瞬にして崩れ去っていく時代といえます。これまで求められてきた「物理的な豊かさ」が、心理的な幸せに直結しない時代ともいえるのです。

現在の日本で人々が求めているものとは、長い一生をいかに、自分らしく輝きながら生きていけるかということ。理想のパートナー像も、ともに時間を分かち合う価値のある、「人間力のある異性」に変わってきています。女性も男性も、「今もこれからも、自分の心をキラキラさせてくれる魅力あるパートナー」を、切実に求めているのです。

## 晩婚化・非婚化の原因はマーケティングのズレのせい

国立社会保障・人口問題研究所が18～34歳の未婚者を対象に実施した調査（２０１１年11月発表）によると、「交際している異性がいない」と答えた男性は過半数を大きく超える61・4％。女性も49・5％と高い割合をマークしました。さらに交際相手のいない男女のうち、男性は27・6％、女性は22・6％が、特に異性との交際を望んでいないと回答しています。

まさに恋愛適齢期・結婚適齢期まっただなかの男女の半数以上が、シングル生活を送っていることになります。そして2割以上の人々が、「恋人はいらない」と回答しているのです。

さらに国勢調査報告（２０１０年）によると、男性の年齢別未婚率は30～34歳で47・3％、35～39歳で35・6％でした。女性は30～34歳で34・5％、35～39歳で23・1％という数値が報告されています。

１９９０年には、35～39歳で未婚の男性は19・1％、女性は7・5％でした。この数値を見るだけで、出生率や晩婚化がさかんに話題にされているのは当然のことだとわかります。

では、なぜ日本はこのような状況に陥っているのでしょう。

これまで見てきたように、女性でいちばん人気があるのは24歳のころ。けれどもこの世代の女性は、社会人としてデビューしたてで仕事も覚えはじめ、働くことが楽しくなっている時期

### [ 調査別にみた、未婚者の異性との交際の状況 ]

| | 【男性】 | | | | 【女性】 | | | |
|---|---|---|---|---|---|---|---|---|
| | 第9回調査（1987年） | 第10回調査（1992年） | 第12回調査（2002年） | 第14回調査（2010年） | 第9回調査（1987年） | 第10回調査（1992年） | 第12回調査（2002年） | 第14回調査（2010年） |
| 交際している異性はいない | 48.6% | 47.3% | 52.8% | **61.4%** | 39.5% | 38.9% | 40.3% | **49.5%** |
| とくに異性との交際を望んでいない | — | — | — | **27.6%** | — | — | — | **22.6%** |

※第14回出生動向基本調査「結婚と出産に関する全国調査 独身者調査の結果概要」 出典：国立社会保障・人口問題研究所

### [ 年齢層別の未婚の割合 ]

| | 【男性】 | | | 【女性】 | | |
|---|---|---|---|---|---|---|
| | 1990年 | 2000年 | 2010年 | 1990年 | 2000年 | 2010年 |
| 25歳～29歳 | 65.1% | 69.4% | **71.8%** | 40.4% | 54.0% | **60.3%** |
| 30歳～34歳 | 32.8% | 42.9% | **47.3%** | 13.9% | 26.6% | **34.5%** |
| 35歳～39歳 | 19.1% | 26.2% | **35.6%** | 7.5% | 13.9% | **23.1%** |
| 40歳～44歳 | 11.8% | 18.7% | **28.6%** | 5.8% | 8.6% | **17.4%** |

※平成22年　国勢調査

### [ 年齢層別の平均給与 ]

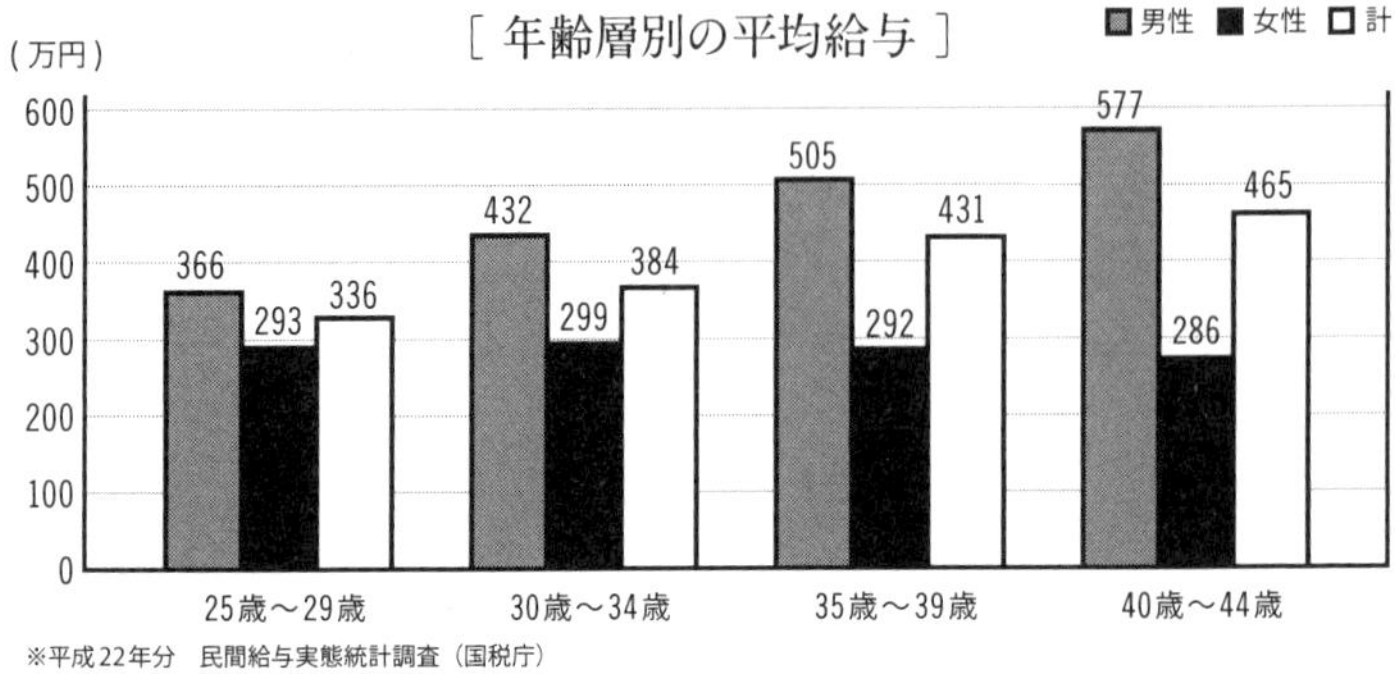


※平成22年分　民間給与実態統計調査（国税庁）

です。そのため、結婚を視野に入れた交際を望んでいません。さらに女性に人気が高い年収一千万円以上の男性は、現代の日本にはほんのひと握りしかいないのです。なおかつ未婚で年収一千万円以上となれば、まさに雲を摑むような話になります。

２０１０年度の国税庁「民間給与実態統計調査結果」によれば、25〜29歳の男性の平均年収は３６６万円、30〜34歳で４３２万円、35〜39歳で５０５万円となっています。

これでは、男女とも「幻の青い鳥」を探している状態です。晩婚化や非婚化が進むのも、当たり前といえるでしょう。交際に発展する前に、多くの人が「条件に合わない」と、せっかく出会った異性との未来をシャットアウトしてしまうケースも少なくありません。

こうした傾向は、おそらく今後も続くでしょう。けれど大切なのは、どんな状況にあろうとも、あなたが「自分がどう生きるか」の答えを出し続けていくことです。「自分はどうしたいのか」というシンプルな問いかけにあなたがどう答えるかが、あなたの未来を変えていく原点になります。

誰と一緒にいたいのか、その人とともに何がしたいのか……。あなたはどんな道でも選べます。そして今の状況がどうであれ、「どう生きるのか」を主体的に選ぶことで、理想の未来を実現させていくことはできるのです。

「自立した大人の女性」は非売品のダイヤモンド

私のメンタルルームを訪れたTさんは、40代前半のとても魅力的な女性でした。キャリアも高く、年収もかなりのもの。「自分を高く見せたい」と日々磨きをかけ続け、気づけば男性たちにはとても手が出せない存在になっていたのです。

Tさんの「自分を高く見せたい」という心理の裏側には、「自分を安売りしたくない」という思いがありました。それは、「誰かに買ってもらう」ことを前提とした考え方です。つまり、男性に「選ばれるか、選ばれないか」という相手の判断基準を根底にした、自分磨きに励んでいたことになります。言い換えるなら、「選ばれるための根拠づくり」をしてきたということになるのです。

「20代前半は無我夢中に仕事を覚え、次第に責任が増えてくるとさらに仕事が面白くなる。そこで、よりキャリアアップできるよう、資格をとったり、ビジネス英語を習ったり……。平日は一生懸命働いて、休日はショッピングや旅行を楽しんでいるうちに、気づけばこの歳になっていたんです。学生時代や新入社員時代には恋もしてきたけれど、最近は何年も恋人がいません。自分の年収がアップして見識も広がった分だけ、周囲の男性たちが魅力的に思えなくなってしまって……。もう、恋愛の仕方もよくわからなくなってきました」

かつて24歳だった女性たち、とくにこぞって婚活ブームにのり、自分磨きにいそしんだ女性たちは、「こんなに頑張ってきたんだから、今さら安売りはできない」という思いがあります。

そうした女性にとって、そもそも「年収一千万以下の男性」は、マーケットに存在しない「いないも同然の存在」として、はじめから恋や結婚のターゲットとして認識すらされていません。

「結婚することで、逆に相手を養わなければならなくなる危険があるなら、これまでのように女子会や旅行、ショッピングも楽しめなくなる。それなら、あせって結婚などしなくてもいい」というTさんの言葉に、共感を覚える女性も多いことでしょう。

いっぽう積極的に攻める気力を失っている男性たちにとっても、彼女たち「高嶺の花」は手の出せない存在です。手に入れるのに苦労しそうな「高そうな女性」には、最初から尻込みしてしまうのです。ジュエリーショップのショーケースに入った、いかにも高そうなダイヤモンドには近寄らない、という心理と同じで、購買意欲が高まる以前に、引け目を感じてしまいます。

車にたとえるなら、かなりの高級車です。「試乗してみたいのはやまやまだけど、買えないので遠慮しておきます」と尻込みされてしまったり、「そもそも先約済みの誰かのものに違いない」、もしくは、「市場には出回らない非売品」とみなされてしまうことがほとんどでしょう。たとえ市場に出回っていても、「僕には手が出ません」といった存在なのです。

もちろん今でも、そうしたダイヤモンドや高級車をなんとしてでも手に入れて、自分だけのショーケースに飾っておきたいと考える男性も存在します。けれども現在の「草食系」の男性たちに、そうした積極性は皆無でしょう。

Tさんが、家庭を築くことよりも、自分自身をブラッシュアップし続けることを楽しんでいるならば、それはとても素晴らしいことです。自分のキャリアを磨き、自分自身も磨き、思いのままの人生を歩んでいくことは、ひと昔前の女性たちにはなかなかできなかったライフスタイルです。

けれども彼女は、より自分が輝けるような恋愛や結婚をしたいとメンタルルームを訪れました。そして、「どうしたらいいのか方法がわからないけれど、何かを変えていきたい」と望んでいたのです。彼女に限らず、私はどんな場合にも、「これまでどうであったか」ではなく、「本人がこの先どうしていきたいのか」にフォーカスして答えを見いだしていきます。これまでどんなに頑張っても自分を変えられなかった、人生が思うようにいかなかったという行き場を失った想い、それを未来へとつなげていくのです。

Tさんに必要と思われたのは、男性の年収や外見といった外側だけでなく、内側の力、心の素晴らしさをも信じてみること。多くの男性を最初から「対象外」と切り捨てずに、まずは周囲の男性や、新しく出会う男性と、きちんと向き合うことを提案しました。

同時に、自分の「心の価値」をしっかりと磨き、「高級だけれども、なんとしてでも手に入れたい」と、男性たちにとって価値のある存在になること。そうすることで独りよがりの自分磨きから、お互いのための自分磨きへとシフトできるよう導いていったのです。

ショーケースの中に入ったままでは、男性たちの手には届きません。Tさんは自らケースのなかから出て、彼らが手にとって眺めたり、試乗したりできる存在になる必要もありました。

そのためには、彼女が**「自分の人生を変えたい」と本気で思うこと。過去ではなく未来の自分を信じる勇気を持つことが、すべてのはじまりになります。**トレーニングを通じて、Tさんは自らの人生を、自分の足でしっかりと歩みはじめたのです。

## 「年収300万」は結婚の障壁にはなりません

長引く経済不況で、現在の日本は「年収300万時代」に突入しています。そして多くの女性たちは、「300万では、世帯収入としてはやっていけない」と、周囲の男性たちを恋愛・結婚対象として見ることが難しいと感じています。

先ほど著したように、女性は経済力のある男性を本能的に望むわけですから、それは無理のないことです。目に見えるものだけでその人の価値を測ろうとすると、どうしても恋愛や結婚は遠いものになってしまうでしょう。

年収300万円だけでは、家族を養うのはなかなか難しいものです。男性たちもそのことは十分わかっていますから、「自分には恋愛も、ましてや結婚なんて無理なんだ」とあきらめてしまうことになるのです。

こうした環境の変化に順応するためには、「結婚」という価値基準そのものを塗り替えることが必要になります。というのも、年収一千万円以上の結婚と、年収300万円の結婚では「結婚」の意味や価値が変わってしまうからです。

「収入」というのは、とても流動的なものです。例えば年収3億の企業経営者ですら来年どうなるかはわかりませんし、年収100万のフリーターがミュージシャンとして大ブレイクし、数千万円稼ぐ存在になるかもしれないのです。

また、「収入」が、幸せのバロメーターになるわけでもありません。物理的な視点で見ると「お金持ち」は理想的な生活に思えるかもしれませんが、心の視点を上げてみると、まったく違う世界が見えるはずです。

**あなたが見るべきなのは、目に見えるものの価値ではなく、「自分の心が感じる幸せの価値」です。**どのような毎日を送ることが自分の真の幸せなのかを、じっくりと見極める必要があるのです。

目に見えるものだけに振り回されていると、それを失ったときに、自分の進むべき道を失ってしまうことになります。けれども「自分の価値基準」をしっかりと持っていれば、あなた自身の力で輝く未来を摑むことができるのです。

## 女性の武器は「若さ」だけではありません

バブル期などに、さかんに言われていた比喩表現があります。それは、「女性はクリスマスケーキと同じ。24歳までは飛ぶように売れるのに、25歳になったとたん半額になる」というもの。それほどまでに、24歳の女性の価値は、高いものと見なされていたのです。

そして今でも、「歳とともに女性としての価値は下がる」という固定概念は、根強く残っています。しかしこれらの「売れる、売れない」という価値観には、「選ばれる、選ばれない」といった、男性主体の前提があります。けれどもあなたの価値を決めるのは、他者や世間ではなくあなた自身です。

年収ひとつとっても、24歳当時は「一千万以上の男性と結婚したい」と思っていた女性も、歳とともに「700万以上なら」「500万以上なら許容範囲」と、どんどん妥協することで、理想を下げていく現象がよく見られます。

こうした女性たちは、「理想とされる男性に選ばれなかったから、仕方なく」金額を下げていきます。つまり、「今の自分では、年収一千万以上の男性に見合う価値はないわ」と、世間の価値基準に合わせて自分の価値を下げてしまっているのです。

「若い女性のほうが価値がある」としているのは、世間や他人にすぎません。あなたの本当の価値は、あなたが決めるべきもの。古い価値観に合わせて、自分自身の価値を下げる必要は、まったくないのです。

30代、40代になったからといって、女性が自分の理想とする恋愛や結婚をあきらめる必要などありません。ただ、若いころとは違う武器で闘う必要性が出てくるのです。

ここ最近、「35歳くらいまでには絶対に結婚したい」という女性の声をよく耳にします。その理由はというと、「出産を考えると、それまでには」というものです。確かに、生殖能力イコール結婚力とするならば、この意見はもっともです。

これまでお話ししたように、男性は、自分の遺伝子をよりよい形で残してくれる女性として、若い女性を求める本能を持っています。けれどもこの「若さ」は、誰もが平等に失っていく儚いものです。そこにしがみついて、コンプレックスを感じる必要はまったくありません。

なぜなら女性本来の能力は、生殖能力イコール女性の魅力、といった限定的なものでは決してないからです。

人間は、遺伝子的な生存競争のみによって生きているわけではありません。それよりももっと重要な、「心」を持った存在が私たち人間なのです。生身の感情によって恋をして、愛を語り合う唯一の動物なのです。

男性の「心」が女性に求めるのは、「若さ」だけではありません。同時に潜在的に求めてやまないもの、それが「母性」です。

わかりやすく例をあげてみましょう。

世の中には「キャバクラ」「クラブ」「小料理屋」といった、性格の違うお店が多く存在します。いずれも、男性が通い詰める魅力のある場所です。「本能が求める若さ」を象徴するのが「キャバクラのアゲハ嬢」。「心が求める母性」を象徴するのが「クラブのママ」や「小料理屋の女将」です。

一見アゲハ嬢のほうが強力なパワーを持っているかのように見えますが、実はそうではないのです。クラブのママや小料理屋の女将には、年齢を重ねれば重ねるほど、その魅力がアップするという大きな強みがあるからです。

アゲハ嬢は、「またこの子に会いたい」と男性を惹きつける、性的な吸引力を持っています。それに対して、クラブのママは「男性が帰りたくなるような居心地のよさ」を提供することができます。これこそ、男性が求めてやまない「母性」といっていいでしょう。

ここでいう「母性」とは、子どもを産み育てる母性のみを指すのではありません。**人を勇気づけて励ましたり、赦《ゆる》したり、受け止めたり、ほめたり叱ったりといった、広い意味で相手をリードして育てる、メンタル面においての「新型母性」**です。

これこそ、「マリアスイッチ」を手に入れることによって生み出される愛なのです。このスイッチは、誰の心のなかにも眠っています。

マリアスイッチによる新しい母性は、「慈悲」や「無償の愛」と言い換えてもいいでしょう。ありのままの相手を受け止めて、認めていく愛こそ、この「新型母性」。震災や不況など、様々な不安にさらされている今、この優しさと強さを同時にあわせ持つ母性への欲求は、さらに強まっているのです。

マリアスイッチは男性のなかにも存在しますが、生来「育み、支える」性である女性のほうが、より深い母性を発揮できます。また20代のころは「自分が人生のなかで何をしていきたいか」と自分中心に人生を考える傾向が強いのですが、歳を重ねるにつれ、さらに広い視野を持つことができるようになります。もちろん様々な人間関係を経験し、自分を赦すことも覚えていきます。これまで乗り越えてきた挫折のおかげで人の痛みもわかるようになり、人をも赦せるようになります。さらには哀しみも、愛しさもすべて受け止める、慈悲深い愛を表現できるようになるのです。

すると、もともと持っている母性がさらに磨かれ、自然と人が集まってくる存在になれるのです。目指すのは、地上に舞い降りた聖母マリアや菩薩のような心の在り方。それが実現できれば、ただそこに「存在する」だけで、人を温めることのできる存在にさえなれるのです。

こうした武器は、若いころには決して持つことのできないものです。それは**年齢を重ねるにつれ、経験や自らの訓練によって、無限に磨きあげることが可能です。**そして現在の男性が欲しているものこそ、まさにこの円熟した「新型母性」なのです。

## 幸せな毎日を邪魔する「相手を試す愛」

あなたの周りにも、「恋愛は当分いい」と、恋愛休業宣言をしている人がいるのではないでしょうか。またあなた自身も、恋愛に疲れてはいませんか?

本来、愛というものは、あなたの内側から無尽蔵に湧き出る泉のようなもの。枯渇したり、疲弊したりするものではないのです。

では、なぜ人は恋愛に疲れてしまうのでしょう。

その理由は、多くの人々が「物理次元」で恋をしているからです。

物理次元の恋とは、プレゼントや愛されていると感じる言動など、「物理的に得たもの」を追い求める恋愛のことを指します。どれだけ高価なプレゼントをもらったか、どんなに優しい言葉をかけてもらったか、どれだけ美味しいお店に連れて行ってくれたか、どれほどマメにメールを送ってくれているか……。そういったことに、一喜一憂する恋愛のことです。

言い換えれば、これは相手を試しながらする恋愛です。「昨日はメールをくれなかった」「素敵なお店に連れて行ってくれなかった」などと、相手が自分に何をしてくれたのか、何をしてくれなかったのかを逐一気にしながら、減点方式で相手の愛を測ろうとしてしまいます。そうして、いつも相手の愛情を試しながら付き合っていくのです。

けれども恋や愛は、メールの回数やプレゼントの値段などといった数値で測れるものではありません。本来は「感じる」ものであるはずだからです。

その「感じる」ことから離れて、目に見えるものに置き換えようとすると、相手も自分も「疲弊しながらもひたすら求め合う」という関係に陥ってしまいます。もともと愛や絆は目には見えないものです。そのため、人は何らかの基準にすがりたくなり、様々な数値で測りたくなってしまうのです。

世間にものが溢れていた時代は、それでもよかったかもしれません。なぜなら経済的に余裕がある人が溢れていたため、今より簡単に愛情を物理化できたからです。

ところが今の日本では、経済的にも心理的にも、余裕を失っている人が多数派を占めています。「彼女のことは大切だけど、旅行に連れて行くお金がない」「記念日には華やかにお祝いをしたいけれど、いつもと同じような自宅デートになってしまう」と、心苦しく感じている男性も多いでしょう。

「物理次元の恋愛」を求め続けることは、手に入れることができないものを欲しがる「ないものねだり」と同じ状態。そこに気づかなければ、喪失感と無力感で、どんどん苦しくなってしまいます。それでは相手が何をしてくれたかによって、自らの存在の価値は揺らいでいくばかりです。

**メールがこなかったら、こちらからすればいいのです。素敵なお店に行きたかったら、自分から誘いましょう。そこには、余計なかけひきなど必要ありません。恋愛に勝ち負けなどなく、試しあうことが愛ではないのです。**

自分から能動的に行動したり感じたりすれば、恋愛の軸が相手ではなく、自分に移ってきます。すると、「彼がこうしてくれなかった」ではなく、「彼とこんなことをしよう」と、能動的な恋に変わっていきます。

これまでの**「相手次第の恋」から「あなた次第の恋」に変えていければ、もう恋愛に疲れることはなくなります。振り回されてばかりで、苦しいばかりの恋愛から、卒業できるのです。**

## 実践すべきなのは「自分を試す愛」

人生のプラスになる恋愛とは、あなたが能動的に感じ、行動し、働きかける恋愛です。「自分を試す愛」と言い換えてもいいでしょう。

「物理次元の恋愛」に苦しんでいる人は、「相手がどれだけ私のことをケアしてくれているか」によって、「自分はそうされる価値がある」もしくは「愛される価値がない」と、相手の言動に一喜一憂する毎日を送っています。「相手が自分をどう扱ってくれたか」で、自分の価値をジャッジしているのです。

このように、「相手を試す愛」は、パートナー次第で自分の価値が変わってしまいます。常に相手の愛の量を測《かさ》りながら恋愛をしていると、相手がしてくれたこと、またはしてくれなかったことばかりが気になり、相手の言動に振り回されてしまいます。その結果、自分を見失い、愛におぼれて苦しくなってしまうのです。

そもそも恋愛とは、自分を見つめ直す大きなチャンスを与えてくれるものです。思いもかけない自分の感情や言動に出合うことで、新たな自分を発見することができます。理想は、愛の海におぼれるのではなく、自分の心の神秘の海にダイブし、探検するような感覚、自分の内側に在る愛の存在を知ることのできる、ワクワクするような経験であるべきなのです。

つまり人生にプラスになる恋愛とは、「相手が何をしてくれるのか」と相手の内側を探るのではなく、「自分は何ができるのか」と、自らの内側を見つめられる恋愛のことです。「いかに相手に愛されているか」に気を取られるのではなく、「いかに自分が相手を愛しているか」「どれほど、相手に幸せな時間を提供することができているのか」ということに集中すれば、毎日がとても充実したものになるのです。

自分が相手をどれほど温かい気持ちにしているか、またそうしたことで、自分がどれほど満たされていくか……。「相手を幸せにしたい」という能動的な感情は、尽きることのない泉のようなものです。マリアスイッチを手に入れることができれば、相手に対する愛情とその愛による充足感で、常にあなたは内側から自分自身を満たすことができるのです。

こうした「自分を試す愛」は、どんなに求めて、与えられても満たされることのなかった「物理次元の恋愛」とは違い、誰に強制されるものでもありません。「自分がそうしたいからする」ことで、これ以上ない満足感を、毎日の生活にもたらしてくれます。

もちろん恋愛そのものも、これまで以上に上手くいくようになります。自分が変わることで、相手にも変化が起こりはじめます。

いつも「彼にしてあげられること」を軸にあなたが動くようになるため、彼はあなたの深い

「新型母性」に常に包まれた状態になります。そしてあなたに会うたびに、これまで味わったことのない至福感を感じるようになるでしょう。あなたは彼にとって、これまで以上に「かけがえのない存在」となるのです。

プライベートが充実していると、いつも以上に豊かな気持ちになれて、どんな状況でもベストなパフォーマンスができるようになるもの。すると仕事や社会生活も、自然と円滑に流れるようになります。内側から溢れでてくる愛によって、公私ともに輝きに満ちた、豊かな生活をスタートさせることができるのです。

**恋愛の軸を相手から、自分に移す。そして恋愛における、確固たる「自分の中心」を創り上げていく。それだけで、恋人はもちろん、周囲からも求められる存在に、どんな人でもなれるのです。**

## 他力本願では、愛は成就できません

相手まかせの恋愛も、幸せを遠ざける愛のカタチといえます。

たとえば、35歳を目前にして、本格的な婚活を開始したAさんがそうでした。

Aさんは確固たるキャリアを持ち、非常に有能な人材として、会社でも信頼されている女性でしたが、プライベートではここ数年、恋愛とは無縁の生活を送っていました。そんな彼女が本気で結婚相手を探そうと一念発起したのは、東日本大震災をきっかけに、一人暮らしの心細さを痛感したからでした。そこでAさんは、出会いを求めて結婚相談所に登録したのです。

登録後、紹介されたのは40代を中心とした9人の男性たち。それぞれデートの約束を交わし、食事まではしたのですが、誰ひとりとして彼女の「結婚アンテナ」に引っかかった相手はいませんでした。

そこで彼女が抱いた感想は、「結婚相談所に登録するような男性は、魅力的な人が少ないのかしら。連れていってくれるデート先にも落胆したし、話の内容も興味を引くものではなかった……」というものでした。

自分の望む未来に向けて一歩を踏み出したAさん。けれども恋愛に発展できなかったのには、いくつかの理由があります。

私はAさんの話を聞きながら、彼女が出会いの最初から無意識に「断る理由」「お付き合いをはじめない理由」を減点法で探してしまっていることを感じていました。Aさんの無意識は、「交際をしてはいけない男性をあえて探している」状態になっていたのです。

年齢はいくつなのか、学歴は、キャリアは、身長は……。そうした彼らのデータを分析することで、デートをする以前から、それぞれの男性の品定めがはじまってしまっています。これではそもそものはじめから、相手を試す愛となってしまいます。

さらに危険なのは、明確な未来へのビジョンもなく、ただ紹介された相手とデートを重ねることにより、大切な自分の直感を鈍らせてしまうことになりかねません。Aさんが前に進むために重要なのは、「自分が何を求めて、結婚相談所に登録したのか」を見つめ直すことでした。そして「自分は結婚に対して、何を求めているのか」を知ることなのです。そこが明確でないと、いくら婚活に励んでも、理想の未来を掴むことは難しいのです。

婚活は、仕事とは違います。たとえお見合いだとしても、相手は取引先や、商談相手ではないのです。相手のデータを集めて理論を構築する必要など、どこにもありません。出会う以前から判断基準のフレームをつくることなどせず、もっと自由に感じるままに、目の前に座る相手との時間を楽しむことが重要なのです。

**デート中に意識をフォーカスすべきなのは、自分はその人といてどう感じているか、どうしたらより楽しい時間を共有できるか、ということです。**

そして何より問題だったのは、Aさん自身の気持ちです。結婚相談所に登録してから解約するまで、彼女はまったく楽しそうではありませんでした。逆に、相手と会うのを苦痛に感じているように見えたのです。

本当に交際や結婚をしたいのは、ほかでもない彼女自身であるはずです。それが本当にAさんの望むwantであれば、その感情に従うべきです。

けれども彼女の心は、「そろそろ結婚しなければならない」というhave toに支配されていました。無意識に、結婚に対して後ろ向きの気持ちになっていたのです。

しなければならないからする、というのがhave to。いっぽうwantは、自分がしたいと望むポジティブな感情です。このふたつは、真逆のベクトルを持っています。「結婚したい」という前向きな感情ではなく、「せねばならない」という後ろ向きの気持ちで行動していたため、Aさんは会う人会う人のなかに「断る理由」を探してしまっていたのです。そして男性と会うたびに、彼女の無意識が「付き合える相手」か「付き合えない相手」か条件を並べて見定めようとしていました。

そうした意識を変えて、「どんな気持ちでその人とその時を過ごせるか」、また「未来にその人といたいかどうか」という判断基準で初対面を楽しむことが大切なのです。デートで探る必要があるのは、その人の過去ではなく、「その人との未来」であるはずです。

そもそも、したいことをするために行動していたら、そこには何の苦痛も伴わないはずです。むしろ本当に自分がしたいwantであるなら、眠っている潜在意識が稼動して、あなたを全面的にバックアップしてくれるはず。あなたの行動を決めているのは、何を隠そうあなたの潜在意識です。だからこそ、出会う相手や世間など自分以外の外側に意識を向けるのではなく、自らの眠っている潜在意識と向き合うことが大切なのです。

潜在意識にきちんと向き合って出した答えなら、それはあなたの真のwantです。

## あなたは今、幸せな恋愛をしていますか？

これまで、一般的な現代日本の恋愛や婚活状況について述べてきました。

現在のように自由且つ不安定な時代だからこそ、多種多様の「愛のカタチ」が存在します。あなたの軸をきちんと確立して、自らの「理想の愛のカタチ」を創り出すことが求められているのです。

繰り返しますが、24歳の女性や、年収一千万円以上の男性が、異性からもてはやされるのは仕方のないことです。

けれどもそうした世間の価値基準と、あなたの本当の価値は、まったく関係がありません。35歳の女性だろうと、年収が３００万円の男性だろうと、幸せな恋愛は必ず手に入るのです。

愛は物質的な物事から生まれるのではなく、相手を愛したいという強い気持ちイコールwantから生まれます。この「愛する力」を得るためには、「物理的な外側の価値」から決別し、「あなた自身の価値」を内側に築くことに心を砕く必要があります。

外側に在る価値にばかりしがみついていると、いつまでたっても幸せな恋愛は手に入りません。「最新のファッションで着飾りたい」「綺麗な女性と思われたい」といった、追い求めるものが目に見える、カタチのある物理的な価値である以上、永続的に満たされることのない喪失感を感じ続けてしまうでしょう。

あなたが今、思うような恋愛ができていない最大の理由は、「自分の内側に在る価値」を信じることができないから。いつまでも周りが決めた価値観に翻弄されていては、心から満足できる未来は決してやってきません。今こそ世間の価値観という色眼鏡をはずして、真のあなたの価値を見つめてみませんか？

**今、自分が幸せかどうかを決めるのは、ほかの誰でもなくあなた自身です。**人からどう思われようと、自分が「幸せでない」と感じているなら、あなたは幸せとはいえません。**人生で何より重要なのは、あなた自身の心が、「幸せである」と感じられていること。そのための軸を、自分の中にしっかりと確立し、あなたの価値基準を創ることなのです。**

## あなたは脳の10％以下の力しか使っていません

メンタルトレーニングをする際に大切なのは、「これまでの人生がどうであったか」ではなく、「この先、あなたがどうしていきたいか」。例えば、これまであなたがモテるタイプではなかったとしても、まったく問題ではありません。

そもそも「モテる」「モテない」といったことは、あくまでも他者による評価です。恋愛や結婚とは、自分が愛するたった一人の人に愛されることによって成立するものです。あなたが必要とする人から愛されれば、それで十分なのです。そして「たった一人の大切な人から愛を引き出す力」は、あなたの内側に、すでに存在しているのです。それこそがマリアスイッチであり、あなたのなかに眠っている潜在意識という無限の力です。この潜在意識の力を借りれば、どんな人も自らの力で、無限の愛を創り出すことができます。

私たちが日々の生活で使っている脳は、「顕在意識」と呼ばれる、わずか10パーセント以下の部分にすぎません。残りのおよそ90パーセント以上の「潜在意識」は、眠ったままになっているのです。

私たちは、みな平等にこの「潜在意識」という武器を与えられています。眠っている潜在意識を有効に活用することを覚えれば、これまでできなかったこと、無理だとあきらめていたことができるようになります。すると、夢が夢ではなくなります。この眠っている意識をメンタルトレーニングで呼び覚ますことができるのです。

実は私たちの潜在意識は、夢と現実を区別できません。そのため理想の未来を思い浮かべてワクワクしていると、脳がそれを現実のことと捉え、描いた未来を現実化すべく動きはじめるのです。人から見ると、実現不可能な未来であっても、あなたの潜在意識にとっては、「確固たる信念」になります。

すると実際にあなたがとる言動も、その夢に近づくためのものとなり、毎日が充実した、ワクワクできるものに変わっていきます。それと同時に、夢に近づくための出来事や人脈が、いつのまにかあなたの周りに引き寄せられてくるのです。

**いつも前向きな感情を持って日々を過ごしていると、あなたの周囲で前向きな事柄が起き、さらに前向きな人々が集まってくる状態になります。**こうした出来事や人々を巻き込んでいくことで、夢は現実化します。つまり目の前で起きる事象をどう捉え、どう対処していくかで、その先の人生も変わるのです。

夢の実現のために大切なのは、「これまでのあなた」を引きずるのではなく、「これからのあなた」に意識を向けることです。未来の自分に心からワクワクし、期待を寄せることで、望んだとおりの未来を引き寄せることができます。夢をリアリティのある未来として実現できる人物とは、こうしたマインドを持つ人を指すのです。

マリアスイッチの入れ方を知り、無限の「愛する力」を手に入れられるとしたら、あなたはどんな恋をして、どんな愛を生みだし、その愛を誰に、どんなふうに与えていきたいでしょうか。

正しいマインドの使い方を知り、潜在意識を存分に働かせていけば、恋愛や見えない未来に迷い、苦しむことはもうなくなります。

メンタルトレーニングにおいて、これはとても重要なことなのですが、人間のイマジネーションには限界がありません。私たち人間にとっての限界は、能力の限界ではなく、イマジネーションの限界なのです。イマジネーションの限界を拡げ続けていけば、あなたの能力や才能の限界もなくなります。

## さあ一緒に、「マリアスイッチ」の入れ方を学んでいきましょう

これまで見てきたように、現代の日本では、「男らしく、女らしく」という価値観がすっかり崩れているのが現状です。そうした時代に生きているにもかかわらず、いまだに通念的な「男だから、女だから」という、これまでの価値観に縛られている人が、あまりにも多いように感じます。

結婚観においても、かつてはいわゆる「三高」と呼ばれる、経済力や学歴、身長や体型といった「目に見えるもの」を価値基準に据えることが主流でした。これまでは、そうした価値観

で、幸せな生活を送ることができると信じられていたのです。

けれども今は、その価値観が通用しなくなっています。そのことに気づかないまま愛を求め続けているから、多くの女性は血迷い、男性は逃げ惑ってしまうのです。

現代の恋愛砂漠で愛を見いだせず、乾いた心で愛を求め続けている人は後をたちません。現に、恋に傷つき、また、愛する人を不本意に傷つけてしまった人々が、私のメンタルルームを訪れます。けれどもどんな状況下に置かれようとも、自らの内側の愛に気づくことで、誰もが、そうした状況から見事に抜け出すことができるのです。

**未来のために目を向けるべきなのは、絆や愛、そして心といった、物理的には見えないものの「存在」です。それらに目を向ければ、自分が本当に望む未来が見えてきます。**自分軸を確立させることができるなら、恋愛や人生に迷うこともなくなります。こうして自らの人生を楽しめるようになれば、人々を引きつける魅力も同時に身についてきます。

自分の軸や本音、つまり自分の心を知らないというのは、自分がどうしたいのか、何を求めてどこに向かいたいのか、そして何に怯え、何と闘っているのかさえわからないでいるということです。

混沌とした時代を生きていかねばならない私たちが、自分自身の「心」を知らないことほど、怖ろしいことはありません。これではコンパスも地図も武器も持たずに、裸でたった一人、未開のジャングルに分け入っていくようなものです。

あなたが描く「理想の愛」を実現させるには、若さも、経済力も、見た目の美しさも必要ありません。ましてや、「愛されるテクニック」など、まったく不要です。周りの友人や「愛され方」を述べたマニュアルなどから、それが愛だと押しつけられてきたにすぎません。

必要なものはたったひとつ。マリアスイッチを入れることによって生み出される、「愛する力」だけなのです。

けれども残念ながら、これまで誰も「愛する力の磨き方」など、教えてはくれませんでした。私たちの多くは子どものころから、計算や漢字ドリルは繰り返し行ってきましたが、心の鍛え方は知らずに大人になってしまったのです。

これまで私たちが詰め込んできた恋愛や生活についての知恵は、すべて〝外側の知識〟にすぎません。そうではなくて、今こそ心の内側を鍛える時代に突入しているのです。

今まであなたが愛に苦しんできたのは、ルールとされてきた社会の枠や、過去の恋愛に囚われていたせい。世間から押しつけられたhave toにより、自分のwantを実行することができなかったからです。世間が決めた外側にある価値観やルールから自由になり、あなたの内側にあるマリアスイッチを押せば、愛する力はすぐにでも動きはじめます。

「素敵な人もいないし、恋愛のチャンスがない」「私には魅力がない」「彼もいないし結婚は無理」……。恋愛をあきらめさせているのは、すべてあなたの心の内側にある「心の足かせ」イコール**「メンタルブロック」**です。ブロックをかけているのは、すべてあなたの心です。外側の価値によって自分の価値を見失っていたり、過去の自分に引きずられていたりする限り、理想の愛を手に入れることはできません。

メンタルブロックをはずす第一歩は、まず自分の心の内側にフォーカスして、「自分はどう在りたいのか」を心に問うてみること。本来の**want**にブレーキをかけているのは、これまでの人生のなかで知らず知らずに形成してきた、様々な固定概念や社会通念です。そのブレーキを外し、自らの主導権を取り戻していきましょう。そうすることではじめて、自らの人生の主導権を握る準備が整うのです。

これまで他者に主導権を譲ってしまったことで、いかに自分が振り回されてきたかを、思い出してみてください。これから見いだしていくあなたにとっての愛のカタチは、社会にも、過去の恋愛経験にも左右されるものではないのです。

人生を受動的に過ごすのか、能動的に捉えていくのかで、未来は劇的に変わります。理想の未来を創り出すことができるのは、あなたの「心の在り方」なのです。

自分自身の無意識と向き合えば、これまで当然だと思っていた、恋愛観や結婚観といった、社会がはめたフレームをはずして、根本から覆すことができます。

そこには、物理的な世界に翻弄されない、あなたらしい未来が待っています。

**マリアスイッチによる「愛する力」が、どれほど人の心を温め、赦し、受け入れることができるか。あなたはきっとその力の大きさ、温かさに驚き、感動を覚えるはずです。**

さあ私と一緒に、人生を劇的に変える「愛する力」を磨いていきましょう。これから一生あなた自身の武器となる、マリアスイッチを見いだしていくのです。

一日目

「愛される力」ではなく、
「愛する力」を鍛えましょう

## 二日目

# 過去の呪縛から、自由になりましょう

**「惨めな恋愛敗者」から「相手を赦せるマリアスイッチを持つ女性」へ**

それではさっそく今日から、「愛する力」を鍛える、実践的なトレーニングをはじめていきましょう。

まずはじめに行いたいのは、「過去の恋愛の傷やネガティブなイメージから、完全に解き放たれる」ことです。これは、過去の恋愛の記憶を捉え直し、ポジティブな未来を生み出すために、ぜひとも必要なものです。

過去の恋愛の失敗に囚われていると、人は幸せな恋愛に対する具体的なイメージを持ちにくくなります。ネガティブな失敗体験をポジティブに捉え直すことで、失敗体験に引きずられることなく、理想的な恋愛関係を構築することができるようになるのです。

そのために、これまであなたが経験した恋愛をすべて思い出してみてください。そこで起こった様々な事実を、紙に書き留めていきましょう。そしてその事実を、今の自分に都合のよいように捉え方を変えていくのです。

**大切なのは、「あなたがこの先どうなりたいか」ということ。「これまでどうだったか」は、問題にならないのです。**

ではははじめる前に、実際にどのように過去の事実を捉え直していくのか、具体的な例を見てみましょう。失恋したばかりの状態でトレーニングにやってきた、30代前半の女性・Eさんのエピソードです。

大好きだった彼、Oさんと付き合いはじめて一年後。彼の浮気が発覚したばかりか、なんとEさんと同時進行で、彼が12人もの女性と関係を持っていたことがわかったのです。

それまでも何となく違和感を抱いて、彼を問い詰めてみても、いつもはぐらかされてしまっていたEさん。不信感を募らせていたある日、見知らぬ相手から、携帯に電話がかかってきました。「私は、Oさんとお付き合いをしています。あなたは、誰？」と知らない女性の声が聞こえてきました。

その日の夜、いよいよ彼に、何がどうなっているのか尋ねたところ、「心配かけてごめん。すぐに彼女とは話をつけるから、しばらく時間をくれないか」と言われ、それから数週間も連絡がなかったそうです。一ヵ月後、Oさんに連絡を入れてみると、「今、話し合いをしている。一朝一夕にはいかなそうなんだ」と言われたというのです。

そうして彼からの連絡を待っていたところ、今度はまた別の女性から、Eさんの携帯にメールが送られてきました。文面を読んでビックリ。「私はOさんと四年半前から付き合っています。あなたの存在は以前から知っていました。女グセの悪い彼は、これまで何度も何度も浮気を繰り返してきました。事実、私がOさんと付き合っている間に、あなた以外にも11人の女性と付き合っていることが判明しています。しかも彼女たちと、いまだに別れる気配はありません。何年もの間ずっと我慢してきましたが、彼の浮気グセは治りません。それでも私は、彼なしでは生きていけないので、死を選びたいと思います」という内容だったのです。

Eさんは、件名に「あなたへの遺書」と書かれたそのメールを衝撃とともに受けとり、「大丈夫なの？　連絡待っています」とOさんに転送しました。するとOさんから「心配かけてごめん。何とか解決するから……」と返信があったものの、それきり連絡が取れなくなったそうです。

この時点でのEさんの自分に対する認識は、「言いたいこともいえずに泣き寝入りしたみじめな女」。けれども客観的に見た事実は、「浮気グセのある彼と別れた」ということにすぎません。人生で起きる出来事に色をつけているのは、それを受け止めるあなたの感情です。起こった事実は曲げずに、自分の捉え方のほうを変えていけばいいのです。

この場合Eさんは、「浮気を繰り返す彼を、赦《ゆる》してあげた大人の女」であり、「一人に絞れない彼を束縛することなく、自分から離れてあげた理解のある女」と、捉え方を変えてしまえばいいのです。このように**過去の恋愛の捉え方を変えることこそ、「マリアスイッチ」を押す第一歩になります。**

「浮気グセのある彼は、『私だけを見てくれる』と言ってくれたけれども、本当はたくさんの女性と遊びたいみたい。それを無理矢理変えさせるのは、私の本意ではない。彼が楽しい人生を送れるよう、私は遠くで祈ることにしよう」と、思い込めばいいのです。

彼に捨てられたのではなく、「私が彼をリリース（解放）した」と思うことも大切。現実はただ、「もう連絡をとっていない」ということだけですから、これをどう捉えようと、それは彼女の自由なのです。

このとき大切なのは、**「彼のパーソナリティを丸ごと受け入れたうえで、Eさん自身の選択により、彼との決別を決めた」と思うこと。**「浮気をされた」「連絡をくれなくなった」と彼に対する不満を募らせていては、Eさんの潜在意識は塗り替えられません。

彼との出会いを否定することも、二人の思い出を消去することもなく、ただ彼を赦すことができれば、過去の塗り替えは成功したことになります。

こうしたケースでは、彼を完全に受け入れて赦すだけでなく、感謝することができればさらに理想的。「浮気相手が、彼は私に相応しくない男性だったということを気づかせてくれた」「これまでの楽しい時間をありがとう」と、浮気相手の忠告や彼と過ごした二人の思い出に、感謝するのです。

最後は、「彼には彼の送りたい人生があるのだから、私は彼の気持ちを尊重して、自分から離れることを決めた。そしてそんな彼を、他の女性たちが引き受けてくれたのだ。私は、いつまでもさわぐような女じゃない」と、度量の大きな大人の女性になりきってしまうとより理想的です。「みじめな自分」から、「誰かのために身を引ける、潔くて素敵な自分」へと捉え方を変え、自らの役柄自体を変えてしまうのです。


メンタルトレーニングのスキルの一つに、「演じる」というものがあります。

これは自分や他人に「ウソ」をつくのではなく、イメージ上の舞台の上に立って「こう在りたい自分」を演じるテクニックです。

かつて私は、女優として活動していました。その当時学んだことのひとつに、「演じることとは、ウソの感情を創り出すことではない」というものがあります。むしろその逆で、俳優とは「感情を見せる職業」だということを、身をもって実感したのです。

俳優が表現するのは「ウソの感情」ではありません。その役の感情を自分の内側に再現し、外に向けて表現するのです。そこで生み出された感情は偽りではなく、本当に溢れ出てきた感情でなければならないのです。

つまり実際は存在しない役柄としての人物の感情を、演じる俳優の生身の心で再現し、表現することが役者の仕事です。俳優はみな、「この役のこの人物なら、きっとこのときこう感じている」と、その役の人物の「リアルな気持ち」を舞台の上で再現することで、観客に本物の感情として見せているのです。

メンタルトレーニングにおける「過去の塗り替え」も、この「演じるスキル」を活用したものです。効果を高めるためには、過去を打ち消すぐらいに、「新しい認識の私」の感情になりきることが大切です。新たな気持ちで過去の出来事を見つめて、当時の自分とは違う視点で捉え直し、新たな感情を生み出すのです。

時折、過去のトラウマから脱しようとした瞬間、「そんなワケはない、私は振られてしまったのだから」という、心の声が聞こえてくることもあるでしょう。

この心の声こそが、新しいあなたの誕生を邪魔するメンタルブロックです。メンタルブロックを外し、心のブレーキに負けないことが、マリアスイッチを入れるための第一関門なのです。

また、過去の恋愛相手を否定することは、彼との思い出を否定し、ひいては自分自身をも否定することにつながっていきます。失恋の経験が悪いのではなく、自己不信に陥ることが何より危険なのです。

「彼との付き合いを選択したのは自分」「彼との別れを決断したのも自分」。「彼が去っていった」のではなく、「彼を放った」と捉えるのです。誰に決められたわけでもなく、自分が自分の人生の主導権を持っていると感じることが、とても大切なのです。

Eさんの話に戻りましょう。

メンタルトレーニングの結果、彼女は心のブレーキをはずし、Oさんとの思い出を浄化することができました。彼のことも、自分のことも赦すことができず、苦しみの日々を過ごしていたのがウソのように、思い出に感謝できるようになったのです。同時に、自らの心のなかにある、マリアスイッチの存在に気づいていきました。

これまでEさんは、彼ができては振られることを何度も繰り返してきました。Oさん以前に付き合っていた彼にも、浮気の証拠は見つけられなかったものの、突然理由もなく振られてしまったそうです。こうしたことを繰り返すなかで、「浮気されるのは当たり前」といった思い込みが生まれ、「自分には、特別な女性になる魅力がない」と、すっかり自信を失っていました。

けれども、トレーニングによって過去の認識の塗り替えに成功したEさんは、これまで付き合ってきた彼のことも、失敗を繰り返してきた自分のことも、丸ごと受け入れることができるようになりました。

乗り越えられなかった恋愛の失敗を根本から成功体験に塗り替えたことで、自分への自信も取り戻すことができたのです。もう彼女は、「彼のオンリーワンになれないまま、捨てられた女」ではありません。「すべてを受け入れて、赦すことのできる、聖母マリアのような女性」となり、無限の愛を引き出す、無敵のマリアスイッチを手に入れたのです。

過去の恋愛の塗り替えに成功したと同時に、Eさんの憔悴しきっていた表情は明るく変わりました。さらには立ち居振る舞いにも優雅さが現れ、「人を赦すことのできる、度量のあるたおやかな女性」のオーラを、内側から放つようになったのです。

「塗り替え」によって「モテキ」は必ずやってくる

続いて、33歳の男性・Fさんのケースを見ていきましょう。

彼は大好きだった彼女に、突然別れを告げられました。そればかりか、実に2時間半あまりも、延々と「なぜあなたと別れたいと思ったのか」にはじまり、「あのときのこうした行動が嫌だった」「あなたのこういうところが最悪」と、一方的に不満をぶつけられたのです。

あまりの衝撃で、その時は何も言い返せなかったFさん。彼女の言葉を聞きながら、「彼女の言うとおりかもしれない」「僕は最低の人間だ」という気がしてきて、とても落ち込んでしまったといいます。

挙げ句の果てに「だから、あなたとはもう二度と会いたくない」と最後通牒を突きつけられ、彼女に背を向けられたのでした。すっかり打ちのめされたFさんは、とうとう何も言えないまま彼女と別れたのです。

顔をしかめたまま憤った様子で私の前に座るFさんは、「なぜ僕が、そこまで言われなくてはならないんだ。もう誰も信じられない」と、全身で他人を拒絶しているような状態でした。

私は「そこまで女性を本気で怒らせるなんて、たいしたものです。気持ちいいくらいに、こてんぱんに言われましたね」と話しました。するとFさんは一瞬目を丸くして、「でも、そこまで言われる筋合いはないと、今は思っています」と、少し不可解な様子です。私は「一方的に言われ続けて、さぞ理不尽な思いもしたでしょう。でもその分、とてもリアルで有益な情報をいただけましたね。120％言い切ってくれた、その女性に感謝しましょう」と続けました。

「2時間半もかけて、とにかくあなたのことだけを話し続けるなんて、とてもエネルギーがいることです。そこまであなたのことを考えてくれる女性なんて、そうはいないですよ。彼女も言わずにはいられなかったのでしょうね。あなたに嫌われるのを覚悟で話してくれて、たくさん気づかせてくれた。そんなふうに捉え直してみたらどうでしょう。あなたの未来を変えたかったから、彼女はそこまでしてくれたのです。どうでもいいと思っていれば、黙って去ればいいだけだからです。それを、『こんなに嫌いだ』『こういうところが嫌だった』とすべて教えてくれるなんて、かつては好きだったからこそ、あなたに期待したからこその行動なのかもしれません。確かに、伝え方は乱暴ですから、その言葉によってFさんは傷つきましたが、同じ分だけ彼女も傷ついているはず。人を殴ったこぶしが、赤く腫れてしまうのと同じです」

もしかしたら、彼女は腹を立てて感情的になり、単にFさんを傷つけたい一心だったのかもしれません。

けれどもそんな事情は、どうでもいいことです。Fさんにとって大切なのは、Fさんがこの一件をどう捉え、この先の恋愛に活かせるかどうか。そしてこれから先の未来、Fさんが幸せになれるかどうかなのですから。

そこで私はFさんを、「彼女にこっぴどく文句を言われた挙げ句に振られたみじめな僕」から、「別れる瞬間にもかかわらず、『素敵になってほしい』と彼女からエールをもらった僕」という立場に塗り替えました。そして、そんな彼女に感謝することを求めました。あまりに思いが強くなりすぎて、感情的になってFさんを傷つけたことをすべて受け止めてあげて、赦してあげるよう導いたのです。このように一つ上の視点を持つことで、Fさんの**「感情記憶」**は瞬間的に塗り替えられていきます。

そうして赦すと同時に、彼女と一緒で幸せだった日々を思い出してもらいました。

最初に出会って恋に落ちていく過程に、憎しみがあったはずはありません。人を苦しめようと思いながら、相手と接する人などいないものです。いつまでも一緒にいたい、ずっと一緒にいられるような関係性が築けたらいいな、と人は願うものです。

「彼女にとっても同じことですよ。結果的に、Fさんとは別々の道を歩くことになっただけ。きっと、これ以上一緒にいられないことを、残念に思っているはずです。だからこそ、この先のあなたにわかってもらいたいことを、すべて話してから去っていった。そのように受け止めてみてはどうでしょう」

また私は、彼女の言った言葉のなかに、Fさんの未来に必要なヒントがあると感じました。そこで、以下のような質問をしました。

「彼女に言われて一番心外だったことは何ですか？」

「そうですね、『自分の話ばっかりして、私の話を一度も聞いてくれなかった』と言われたことです。いつも彼女の話ばかり聞かされていたのに、そんなことを言われる筋合いはまったくないと、あの時は思いました」

「これまで話しかけられても、例えば上の空で別のことを考えていたり、彼女の話の腰を折ったり、全然違う話で受け流したりといったことがありませんでしたか？」

「そう言われてみれば、そういったことがあったかもしれません」

「Fさんはきっと、彼女の話を耳では聞いていたのですが、心では聞いていなかったのかもしれませんね」

「そうですね。今思えば、心から興味を持って、彼女の話を聞いてはいなかったのかも……」

こう話していくうちに、怒りに固くなっていたFさんの表情が、次第に穏やかになっていくのがわかりました。

メンタルトレーニングが終了したとき、「実は彼女は、僕にいろいろな気づきを与えてくれたんですね。僕の人生において、特別な女性だったんだ」と、彼は柔らかな表情をしながら言いました。

「何だか不思議と、感謝の気持ちが湧いてきました。彼女にも、幸せになってもらいたいです。引っかかっていたものも、心の痛みも、何だか消えてしまいました。これが人を赦すという感覚なんですね。すごいです、まるで他人事のように、痛みや悲しみを達観できた気がします」

彼のなかに潜んでいた、マリアスイッチが入った瞬間でした。

これこそ、私が本書でお伝えしている愛する力そのものなのです。

それからのFさんは、自分をとりまく女性たちを「赦して包む」ことができるようになりました。「自分を傷つけて去った彼女を赦せた僕は、きっとこの先出会うすべての女性を幸せにできる」という潜在的に持つ愛する力で、確固たる自信を付けた男性に進化したのです。

このように自己認識が変わったことで、自分の話をする前に、相手の話を心から興味を持って聞くようにもなりました。そして何より、愛とは、自分の外側で探すものではなく、自分の内側にこそ在るものだと認識したのです。失恋をきっかけにマリアスイッチが入り、より魅力的な男性に生まれ変わりました。

立ち居振る舞いにも大人の余裕が生まれ、その後Fさんは、周囲の女性たちからひっぱりだこの存在になったのです。

Ｆさんは、外見や収入を変えたわけではありません。彼自身のマリアスイッチを見いだし、「人を赦して愛することのできる力」という武器を手に入れただけです。そしてその結果、人々に惜しみなく愛を注ぐ人生を、自らの足で歩みはじめたのです。

## 「裏切られた」と感じたら、恋愛観のリセットを

失恋した人が、相手に対して「裏切られた」という感情を抱きがちなのは、いったいなぜなのでしょうか。それは、相手を「信じていたのに」「期待していたのに」という隠れた依存心によるものです。

「裏切られた」と感じる恋は、はじまりも終わりも、とても他力本願なものです。別れに対して被害者意識を持ってしまう人々には、ある共通点があります。いつまでも「彼のせいで……」という思いから逃れることができず、相手のことも、その彼を選んだ自分のことも赦せないまま、次の恋愛に突入してしまうことです。

さらに悪いことに、こうした人々は次の恋愛で過去の恋のリベンジを果たそうとします。「前回は失敗したけれど、今度はそうならないように成就させる」と新たな恋愛をスタートさせるのです。そしてまた、次の恋愛相手にも、別れた彼と似たようなタイプの男性を選んでし

まいます。

例えば、元彼の浮気に苦しんできたのに、再び貞操観念の薄そうな男性を選んでしまったり、自分勝手な元彼に振り回されていたにもかかわらず、同じようなマイペースな男性を好きになったりしてしまうのです。「今度の彼は絶対大丈夫」と交際をはじめますが、再び似たような不満を抱えます。最後には結局別れを迎え、「やっぱり裏切られた」と、被害者意識を募らせていくのです。

このように同じような相手を選び、同じような付き合い方を繰り返している限り、この先も同じ問題に悩むことになります。「私は振られてばかり」「いつも利用されてしまう」「付き合った相手には必ず浮気されてしまう」と、自分の価値を下げてしまい、新たな恋愛に影を落とすことになりかねません。

この悪循環から脱出するためには、過去の恋愛から心をリセットする必要があります。つまり、「彼に裏切られた」のではなく、「自ら選んで別れた」と認識を改めること。すると被害者意識もなくなり、この被害者意識から生まれる復讐心もなくなります。そして過去の恋愛の復讐は不要となるため、同じようなタイプの男性を選ばなくなります。

その恋のはじまりも終わりも、自ら選んでそうしたのだと思えることができれば、ともに過ごした時間を互いが否定することなく次に進むことができるのです。

相手の選び方を間違ってしまうのには、「上手くいかなかったのは相手のせい」と思っているところにも原因があります。さらに、愛されることをいつも気にしてばかりいる「相手軸の恋」から逃れられないと、相手の言動に振り回され、いつまでも不安や不満が消えません。目を向けるべきなのは「相手に愛される」ことではなく、「相手を愛する」ということ。すると自分がどうしたいかが明確になり、恋愛の軸が相手から自分に移っていきます。

自分主体で相手を愛する「能動的な人」は、恋愛の悪循環に陥いることはありません。これまでの恋愛において、あなたが「だまされた」「私は悪くないのに、いつも傷つけられる」「男運が悪い」と感じたことがあるならば、過去の恋愛における「感情記憶」を塗り替え、さらに恋愛の軸を相手から自分に移す必要があるのです。

よくいう「失恋の傷は時が癒してくれる」というのも人生に対して受動的な考え方です。何もせずにただ、うつむいているだけの人生にピリオドを打ち、あなたの大切な時間をどうぞムダにしないでください。

そもそも恋愛とは、完全にフィフティ・フィフティの世界のはず。それぞれの個人がお互いを選んで一緒に時を過ごし、関係性を創っていくものです。ケンカや別れはつきものですが、どのような事態になっても、どちらかだけが完全に悪いということはないのです。

もしあなたがいつも恋愛に失敗しているのならば、原因は相手ではなく、無自覚の自分にあるのかもしれないということです。自分にふさわしくない相手を選び、恋愛の主導権を相手に委ねてしまうことで、幸せな恋愛を遠ざけている可能性があるのです。

**彼を選んだのも自分ならば、相手との恋愛を楽しんだのも、苦しんだのも自分自身。すべて自分がまいたタネだと認識することで、彼のせいにすることなく、憎しみも生まれなくなります。**

また自分が悪いと気づかないかぎり、何度も同じことを繰り返し、同じ苦しみを味わっていかなければなりません。

そもそも相手も、あなたを傷つけようとして恋愛をはじめたわけではないはずです。あなたの喜ぶ顔が見たかったから、あなたを誘ったり、一緒に笑い合ったりもしたのです。

時が過ぎて、一緒にいられなくなってしまったとしても、それは結果にしかすぎません。二人の関係性が変わったことを「裏切られた」と捉えるかどうかは、あなた次第です。そしてその捉え方が、これから先のあなたの恋愛の未来を変えていくのです。

相手任せの恋愛を繰り返していると、そのひずみは恋愛関係だけにとどまらなくなります。将来にわたり、恋愛や結婚、子育てと進んでいくと、愛についての小さなひずみが大きなマイナスを生んでいく可能性があるのです。その結果、子育て期に幼い子どもにあたったり、パートナーとの信頼を上手く築くことができなかったりと、未来の幸せを遠ざけることになりかねません。

こうした悪循環が起こる原因は、人生における様々な選択を、自分で決めずにきたところにあります。

例えば、他力本願の恋愛の延長上で結婚をしてしまうと、「夫に女として認められていない」「妻にないがしろにされている」と、相手への不満がなくなることはありません。そして「自分は愛される価値のある人間」であることを、常に確かめようとしてしまいます。心が真に満たされないと、子どもを「愛のバロメーター」にしたり、仕事を「自分の価値のバロメーター」にしてしまいがちなのです。

けれども、こうした負のループから抜け出すことは、実は簡単なこと。

先ほど見てきたEさんやFさんのように、過去の恋愛を「失敗」と認識するのではなく、根底から捉え方を変えてしまえばいいのです。そしてマリアスイッチを押すことで、これまで抱いてきた相手を憎む気持ちや執着心から自由になり、相手のことも自分のことも赦してしまうのです。

すると、彼への仕返しや自分への卑下も必要なくなり、自分を傷つける恋愛を繰り返すことはなくなります。

大切なのは、今までの痛い経験は経験として、きちんと認識すること。そのうえで、捉え方を変えていくのです。認識を変えてみれば、「裏切られた」と憎んでいた彼のことも、「自分の盲点やミスに気づかせてくれた、貴重な存在」に変わっていきます。その瞬間、あなたの心のなかのマリアスイッチが入るのです。

相手がどう思っているかは、まったく関係ありません。

あなたに何が起きようとも、あなたが今までの恋愛の認識を変え、未来のために学べばいいだけです。

## 脱・他力本願も大事な一歩

恋愛関係はもちろん、それ以外の人間関係においても、勝手に自分がしたことに対して、誰かの見返りを求めるのは矛盾した考え方です。もしあなたが、まったく望んでいない贈り物をされて、「こんなに素敵なものをあげたのだから、僕のことも大切にしてください」と言われても、迷惑に思うのと同じです。

自分が相手にしたことに対して、見返りを求めないようにすれば、いちいち腹を立てることもなくなります。そして、相手に対して理不尽な怒りをぶつけることも防げます。

けれども人は、「ここまでしてあげたのだから、きっと自分もこうしてもらえるはず」という願望をどこかで捨てきれないものです。

そんな感情に苦しめられたときは、「喜ぶ顔を想像しながらプレゼントを選ぶのは楽しかったな」「彼にごちそうすることができて、とても幸せだった」と、自分の楽しかった感情を思い出してみましょう。そうすることで、マリアスイッチが入ります。すると、そうした喜びや幸せを与えてくれた、相手の存在に感謝すら覚えるようになります。

あなたの人生におけるすべてのことは、自らの選択により、受け止め方を変えていくことができます。相手の事情がどう変わろうと、起こった事象をどう捉えるかは、あなた次第なのです。

あなたがこれまで、相手に対して何かをすることで幸せを感じていたならば、それはとても素晴らしいこと。それまで過ごした楽しい日々までを、何もマイナスに塗り替える必要はありません。自分の恋愛年表に、自ら「×」を書き連ねることはないのです。

楽しかった思い出を大切にして、傷つけられたことも、すべて赦してしまいましょう。これまでの恋愛を捉え直し、決別することで、あなたらしい恋愛をスタートさせるのです。

恋愛が成就しなかったことは、単に結果にしかすぎません。出会いがあって別れがあり、いいときも悪いときもある。恋愛に限らず人生は、様々な局面の連続で成り立っています。

もちろん、その「恋がはじまった」「恋が終わった」という事実は、変わることはありません。けれどもその事実をどのように捉えるかは、自分次第。大切なのは、あなたがそのとき、その瞬間、どんな思いでいたのか、どんな感じ方をしていたのかということです。

**これから続く人生においても、あなたにとって重要なのは、物理的な事情や環境、恋の相手やパートナーではなく、自分自身の「感情記憶」です。**だからこそ、過去のネガティブな感情は、塗り替えてしまう必要があるのです。これまでの恋愛もトラウマから、輝く未来へのチャンスに塗り替えてしまいましょう。

恋を重ねるたびに、自分は内面から美しく、輝きを増すことになる……。そんなイメージを抱きながら、過去を思うがままに塗り替えていってください。

## 恋愛のトラウマを一瞬で消す魔法

先ほどお話ししたEさんもFさんも、マリアスイッチを入れずに相手を赦すことができなかったとしたら、今回の失恋は二人の人生においての大きな痛手となり、「ひきずり愛」に陥る危険性はかなり高かったでしょう。

それぞれの潜在意識が、今回の恋愛の失敗を挽回しようと、リベンジを図ろうとするからです。

例えばEさんが「今度こそ浮気されない恋をしたい」とリベンジを図った場合、「恋イコール浮気」という概念を前提に、「浮気されない恋」を探すことになってしまいます。

Fさんの場合も、こっぴどく振られて自信をなくし、「自分はダメな男だ」と価値を下げた状態で、その「ダメな自分」に見合う相手を選んでしまう可能性が高いのです。つまり、本来のFさんの価値に見合わない、相性のあまりよくない女性を選んでしまうということです。過去の恋愛相手に決められた価値基準にあわせて次の恋愛相手を選ぶ必要など、どこにもないのです。

さらに悲惨なケースも考えられます。もう二度とそのようなツライ思いをすまいと、心にブロックをかけたまま、残りの一生を過ごしてしまうという未来です。

恋ができない、もしくはなぜだか恋愛が上手くいかないあなたは、こうしたメンタルブロックを、無意識にかけてしまっている可能性があります。

けれども、もう恐れることは何もありません。

過去の恋愛の捉え方次第で、あなたの過去の痛手は、成功のためのステップに変わるのです。

マリアスイッチをオンにして、物理次元で起きる様々な事象を一つ上の次元に引き上げることで、自分を客観視し達観できるようになります。**自分自身を俯瞰することは、自分に起こる**

**事柄に対して、揺れ動く感情をコントロールすることにつながります。**

メンタルトレーニングによって、相手を赦せるマリアスイッチを押すことができれば、心の視点が高く引き上げられていきます。すると当時の自分も明るく笑い飛ばすことができるようになります。その瞬間に、あなたは過去の恋愛のトラウマから一気に解放されるのです。

これまでの自分を笑い飛ばすことは、当時の自分をまるごと受け入れて認めることにほかなりません。それができてはじめて、あなたは恐れることなく、輝く未来へと足を踏み出すことができるのです。

物理世界に生きる私たちは、自分自身の望みとはかけ離れた想定外の出来事が身に降りかかってくることを、避けることはできません。外側の世界は、あなたとは無関係に揺らいでいくからです。けれどもそこで自分に起こったことをしっかりと見つめ、物事を多面的に捉えられるまで心の視点を引き上げることができれば、何も恐れることはありません。**あなたが、出来事の捉え方を自由自在に変えていくことで、どんな出来事もトラブルではなく、前に進むための、未来へのステップになってくれるのです。**

「ピンチ＝チャンス」といいますが、まさにそのとおり。失恋は、次の恋を成功させる、素晴らしいチャンスだと捉えてください。

## 「無敵の恋愛年表」で過去の恋愛をグレードアップさせましょう

ではいよいよ、あなたの過去の恋愛を塗り替える作業をはじめましょう。

まずは「恋愛年表」（P86～P87）に年・月や時代と、実際に起こったこと、「事実」を記入してください。

そして、その時あなたがどう感じていたかをその横のスペース「過去の感情記憶」に記入します。

最後に、振り返って、今思うことの欄に、あなたが心地よく感じる理想的な願望である、「塗り替えた感情」を書いていきます。

これを恋愛で「傷ついた」「幸せだった」とあなたが思う、すべての項目で行ってください。

たとえば、高校時代。あなたに起こった事柄のスペースに、「大好きだったJ君に告白をしたが、冷たくあしらわれた挙げ句、何も言われずに転校されてしまった」と書いたとします。

その右のスペースには、「ひどく傷ついて、しばらく男性不信になった」「『男ってなんて勝手なんだろう！』と腹が立った」などと、その当時の気持ちを記入していきます。

ここで最も重要なのが、右ページの欄に記入する「今の気持ち」です。

起こった事実はそのままに、あなたの過去の感情記憶を塗り替えることが、この恋愛年表の一番の狙いです。この場合は例えば、「彼は私と別れるのが悲しすぎて、さようならも言えずに行ってしまった。そんな彼を、今、私は、赦そうと思う」とマリアスイッチを入れ、聖母マリアのように相手を大きな慈愛の心で包み込むイメージで書きましょう。

これはあなたの心を鍛えるトレーニングです。ですから、すべてあなた本位の勝手な捉え方でかまわないのです。過去にあなたが他者から傷つけられた事象に対する「とげ抜き」作業となり、自分を癒すといったセラピー以上の効果を発揮します。ポイントは、マリアスイッチを押した状態で、思い切り心の視点を引き上げること。「今、私は、○○を赦そうと思う」と、すがすがしい思いで意思決定することです。

これはこれまでの自分ではなく、この先の自分がどう在りたいかという、未来の感情記憶を創りあげていく作業となります。ですからそのとき実際に感じた過去の感情と違っていても、まったく問題ありません。あまりに自分が格好良すぎて、照れ笑いをしてしまうくらいの「史上最高の格好良さ」を目指してください。

「こんなの、私じゃない」と思うほど、別格で極上の感情記憶を創り出していくのです。

この作業を行うと、驚くほど単純に、瞬時に感情記憶が塗り替えられていきます。なぜなら、ここで使っているのは、これまでの日常であなたが使っている意識の回路ではなく、潜在意識にアクセスするための新たな意識の回路を構築して、使用しているからです。どうぞ楽しみながら、あなたが囚われている過去の感情記憶を塗り替えていってください。

恋愛は頭ではなく、感情でするもの。そもそも冷静な客観視や分析とは、無縁のものです。そのため客観性が持ちづらく、感情によるメンタルブロックがかかりやすいのも恋愛の特性といえるのです。

注意したいのは、事実自体は在りのままに書くこと。ここが事実と反する内容になってしまうと、それは「偽」となり、潜在意識のなかで過去の感情記憶が塗り替えられなくなります。するると、そもそも誰の、何のための年表なのかもわからなくなってしまいます。事実と当時の傷ついた気持ちはそのまま書き、今あなたが抱く感情だけを、自由に塗り替えていきましょう。否定的な感情を抑圧するのではなく、一気に肯定してしまうのです。

この作業において、あなたは誰に気兼ねをすることもありません。いつもの自分の思考回路をストップさせた状態で、ひたすら感情記憶の塗り替えを行うのです。

重要なのは、最終的に、相手を「赦そう」、相手に「感謝しよう」という感情に着地させることです。絶対に自分が惨めになったり、悲しくなったり、相手を恨めしく思ったりといった、マイナス感情のままにしておかないということです。あくまでも慈愛に満ちたポジティブな感情を引き出し、マリアスイッチをさらに大きく稼動させましょう。

「こんなに人を愛することを教えてくれた彼に感謝している」「私を好きすぎて、傷つけるこ

| 振り返って、今思うこと<br>**「塗り替えた感情」** | | 慈愛に満ちた<br>**「ポジティブな感情」** |
|---|---|---|
| 彼は私と別れるのが悲しすぎて、<br>さようならも言えずに行ってしまった。 | マリアスイッチ | そんな彼を、<br>今、私は、赦そうと思う。 |
| | | |
| | | |
| | | |
| | | |
| | | |
| | | |
| | | |

| 年・月<br>「時代」 | 実際に起こったこと<br>「事実」 | その時感じていたこと<br>「過去の感情記憶」 |
|---|---|---|
| 〈例〉<br>高校3年生のとき ➡ | 大好きだったJ君に告白をしたが、冷たくあしらわれた挙げ句、何も言われずに転校されてしまった。 ➡ | ひどく傷ついて、しばらく男性不信になった。「男ってなんて勝手なんだろう！」と腹が立った。 |
| | | |
| | | |
| | | |
| | | |
| | | |
| | | |
| | | |

としかできなかった彼を、今、私は赦そうと思う」といった調子です。

逆に「幸せだった」項目には、その幸せな感情を3倍くらいにアップして「今、思うこと」を記入しましょう。内側から生まれる感謝の気持ちを高めて、心の温度を上げていってください。それが「愛する力」の核となっていきます。

人はどうしても、過去に囚われ、その記憶を行動の基本にしてしまいがちです。ここで、過去の出来事から引きずっている感情記憶を一掃することで、心を囚われから解き放つのです。

こうした塗り替えにより、「これまでどうであったか」は「この先どうしたいのか」といったマインドにリセットされます。人の心の在り方は、あなたが思っている以上に、トレーニングによって劇的に変化するのです。

半信半疑でもかまいませんので、まずは実際に年表に記入してみてください。

すべて書き終わったときには、きっと想像以上にテンションが上がり、楽しくなっているはず。これまでずっと心の奥でうずいていた「心の傷」を、都合良く解釈することで、笑い飛ばせるくらいの気持ちになっていると思います。

ここでしたいのは、あなたの心の温度を上げること。「数々の恋愛を経て、レベルアップしていった自分」を、実感してもらいたいのです。

「今、彼を赦そうと思う」「彼には、本当に感謝している」と、心にブレーキをかけずに思えたら最高です。「私って、いい女！」「私って、なんて器が大きいの」と、自分に惚れ惚れできるくらいの心の状態を目指してください。

## あなたの恋愛すべてに大きな「○」を

こうして思いのままに、過去の恋愛を肯定的な「○」で埋めていってください。するとどうでしょう、いつのまにか、心のなかに素敵な「勘違いの人格」が出来上がっていきます。しかもどんどん楽しくなり、なんだか笑みがこぼれるはず。その状態になれば、2日目のカリキュラムは大成功です。

人は恋愛でトラウマを抱えると、その傷を見ないように心にフタをして、「なかったことにしよう」と無意識に押し込めてしまうものです。けれどもそれでは、傷はかえって悪化してしまいます。

あなたが過去の恋愛を否定し、忘れようと努力することでは、心の傷はなかなか癒せません。あなたの過去の恋愛における感情記憶を塗り替えて肯定することが、何より重要で確実な近道なのです。

あなたに起こった物事は変えられませんが、どう捉えるかはあなたの自由です。ひどい目にあったと思っていた出来事も、別の角度からみれば、案外捨てたものでもないのです。

過去の塗り替え作業が成功すると、あなたに起こるすべてのことを「在りたい未来へつながる今」にすることが可能になります。そうなれば、あなたは〝無敵の存在〟です。何が起ころうと、あなたがすべての価値を決めていけるのですから。

**このように、マイナスの出来事が起こったときに、「感情記憶」を塗り替えるという自分に都合良く捉えられるスキルは、幸せに生きるために大切な能力です。**生まれつき持っていなくても、こうしたメンタルスキルは意図的に塗り替えることで、磨き上げることができます。そして、誰の心のなかにも在るマリアスイッチが入り、あなたの愛する力が稼動しはじめるのです。

## 人を赦す「マリアスイッチ」が豊かな人生をもたらす

自分を認めると同時に、相手への「憎しみ」や「執着」「囚われ」が消えることも、この過去の塗り替えの大きなメリットです。相手を赦すことができれば、過去の恋愛に苦しむこともなくなり、その経験が未来の恋愛に対する勇気を与えてくれます。

それは何より、自分自身を赦すことになるのです。

あなたが選んだ相手や、彼との思い出を否定することは、結局はあなた自身を否定することになり、誰もが潜在的に持っている大切な自尊感情を傷つけてしまいます。

繰り返しますが、恋愛も結婚も、自分が幸せになるためにするものなのです。恋愛の経験を重ねるたびに、肝心なあなたが苦しみを募らせては意味がありません。

恋愛や結婚はもちろん、人間関係を良好に保つ秘訣とは、「お互いを赦し合うこと」です。**結婚においても、恋愛においても、「大好きな人」ではなく、「何をされても赦せる人」を基準に探してみるのもオススメです。**

あなたの心が自分の感情や置かれた状況、今後起こりうる状況を高みから俯瞰し、マリアスイッチを押して「赦すこと」。それがあなたにとってどんなに理不尽で、どんなに受け入れがたい事象であろうとも、ただひたすらに赦し続けてみる。そうすることであなたの内側から、自然と愛が溢れ出します。

どんな状況下においても、どんな人のことも赦すことができる。この心の在り方こそ、聖母マリアが持つ「慈悲」という最も崇高な愛ではないでしょうか。マリアスイッチを押すことで無敵になれるのは、このすべてを包括する「慈悲」の威力によって、不安も怯えも包んで「愛」に昇華することができるからなのです。

人を認めて赦すと、自分自身が豊かになります。

そして内側から愛する力が引き出され、その溢れ出す愛で周囲を包み込み、ますます人を魅了して引き寄せる存在に、自然となっていくのです。

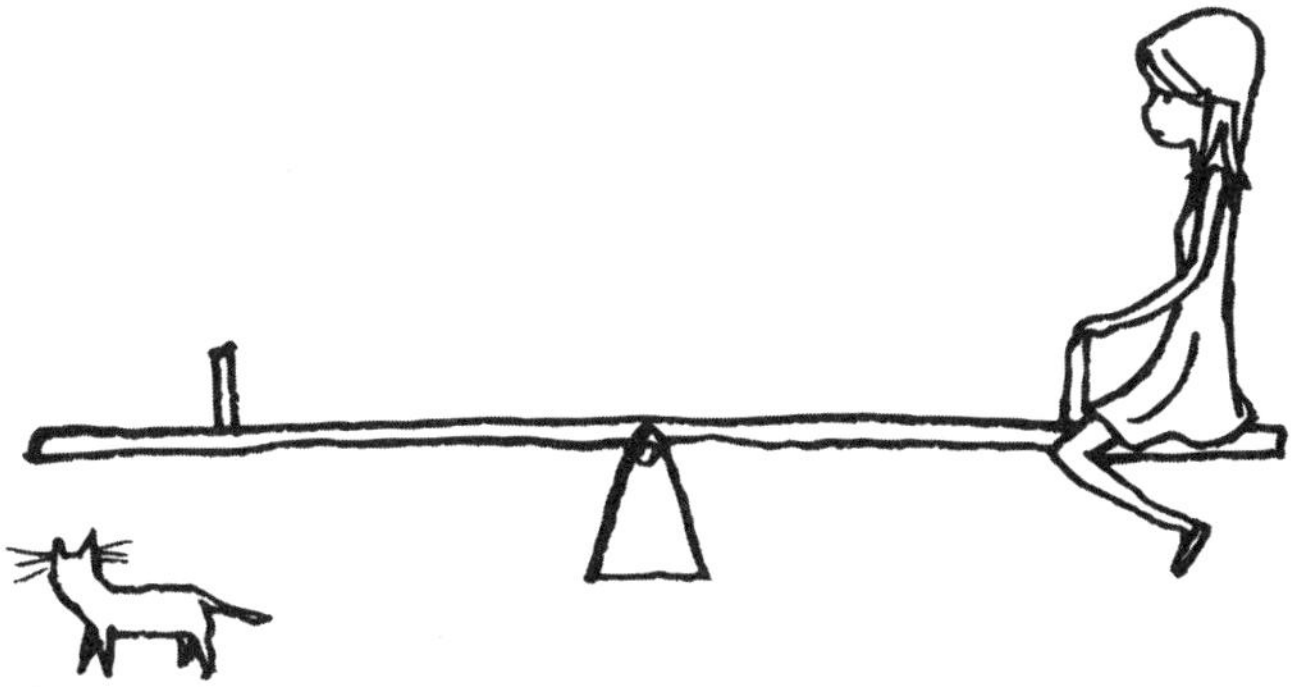

三日目

# ブレない「自分軸」を手に入れましょう

**あなたの人生は、あなたが好きなように創り替えていけます**

三日目は、あなたの潜在意識のなかに眠っている「自分はどんな愛をどのように実現したいのか」という本音を、一緒に探っていきましょう。

心の奥底の潜在意識を探ってみると、これまで考えていた「理想の愛のカタチ」が、実はまったくあなたの望むものとは違っていることがよくあります。もしかしたら、頭で考えている理想と、心の奥底に潜む本音の食い違いが、あなたの恋愛を上手く運ばせない原因になっているのかもしれません。

日常あなたが頭で考えていることと、心が望んでいることは、たいていイコールではないのです。そのため、なかなか望むような未来を実現させることができなくなってしまうのです。「結婚したいけれど、恋人ができないんです」。多くの方が、こうした悩みを抱えてメンタルルームを訪れます。そこで、例えば私が「なぜ、結婚がしたいと思うのですか？」と尋ねると、「ええっと……、そうですね……」と、考え込んでしまう人がほとんどなのです。

なぜ結婚したいのかという問いに即答できないのは、どこかで結婚や恋人を求めることを、「世間一般の当たり前のことだから」と受け入れてきたせいです。本来ならば理由を考えるまでもないはずですが、「昔から、自分は結婚するものだと思ってきた」「『年齢的にそろそろかな』と焦っていて」といった自分以外の誰かの考えによって、結婚や恋愛を望んでいる人が多いのです。

「なぜ自分が結婚したいのか」という理由がわからないというのは、とても恐ろしいことです。目的地が定まっていないまま、地図も持たずに荒野をさまようのと同じくらい、危険なことなのです。

多くの女性が、自分以外の世間のつくり上げた「こんな結婚やこんな恋人が理想」といった、漠然としたイメージを持っているだけで、自分の内側で生み出した明確なイメージを持っていません。そのため、年齢や肩書、外見といった目に見える価値以外、つまりその人の未来や潜在的に持っている目に見えない価値に、気づくことができなくなっています。そして、目の前にいる男性の履歴や現在の姿だけを見ては現実と理想のギャップにとまどいを覚え、未来に不安を感じてしまうのです。

まず知っておくべきなのは、「自分自身がどうしたいのか」というあなたの本音です。恋人を選ぶ場合でも、婚活をするにあたっても、自分の潜在意識に向き合い、本当に求めているイメージを探しあてていくことが第一歩となります。

それが明確でないまま「ただ、そうするものだと思っていたから」と結婚した場合、「こんなはずではなかった」といった、不満を抱えることになりかねないのです。

あなたの心の奥底を探ってみると、実は結婚したい理由が見つからない、ということすらあり得ます。そういった場合、何かから逃げているケースも考えられます。何か向き合わなければいけないものがあるのに、どこかに「向き合いたくない」といった逃避感情があるのかもしれません。これまでしっかりと自分の心と向き合ったことがないだけで、潜在意識の自分は結婚を望んでいるわけではなく、何かから逃げているのかもしれないのです。

ここで、改めて考えてみましょう。

**あなたは、なぜ結婚したいのですか？**

結婚をすることで、何を手に入れたいのでしょうか？

「ずっと独りはいやだから」「子どもが欲しいから」「家庭を築いて落ち着きたいから」「経済的に安定したいから」「親を安心させたいから」など、様々な理由が一般的には挙げられると思います。けれどもそれが、必ずしもあなたの潜在意識とイコールであるとは限らないのです。

結婚とは決して、何かに頼ることでも欠けているものを補って埋めるためのものでもなく、一人の人間として生きる者同士が、それぞれの人生を色鮮やかにするために多くの喜びや幸せなどを分かち合うためのものです。与え合うものであり、決して奪い合うものではありません。理想とするのは、相手の存在が自らの勇気となり、日々「愛する力」を引き出してくれる関係なのです。

さらにもう一つ、自分の胸に、問いかけていただきたい質問があります。

**あなたにとっての、結婚の価値とはなんでしょうか？**

多くの人が、これまでの価値観や固定観念、世間体や他人の価値観に振り回されているのが現状です。「早く結婚しなければ」「子どもを産まなければ」と、「しなければならない」（have to）で人生を歩んでいる人が多いのです。

自分の望む愛のカタチを確立するためには、あなた自身が結婚したい理由と、自分にとっての結婚の価値を、まずは明確にすることが大切です。これらがあなたのなかで明らかになっていないのに、何をもって幸せな結婚と呼べるのでしょうか。

自分が欲しいものや好みがわからなければ、ショッピングに行っても何も選べないのと同じです。店員に薦められるままに買ってしまい、失敗をしてしまった経験は、誰にでもあるのではないでしょうか。こうした失敗は、あなた自身の意思で決定したのでなく、ただ何となく買わされてしまったことが原因です。その商品自体に価値がないわけではなく、ただ何となく手にとって、「こんなものだろう」と購入してしまったことに問題があるのです。その結果、自分で購入したのにもかかわらず、「こんなはずじゃなかった」「だまされた」などといったネガティブな感情を持ってしまうのです。

いつの時代にも「こんなはずじゃなかった婚」「だまされた婚」がなくならないのは、こうした人間の心の在り方が生み出しているからなのです。

こうした状況に陥らないための答えは、自分の外側ではなく、自分の内側にある潜在意識に在ります。あなたがあなたの人生の主導権を取り戻せば、それだけで人生も生き方も十分に変えていけるのです。

一日目にお話ししたとおり、現代は様々な価値観が溢れている時代。性別にかかわらず、どのような生き方を選んでも許される時代です。

ということは、あなたは自分の価値観を、自由に決められるということです。例えば、近ごろは結婚というカタチをとらずにパートナーと一緒に暮らしたり、自立して社会貢献や仕事に心血を注いだりする女性も増えています。また子育てを男性が担当して、女性が働くカップルも見かけるようになりました。

あなたは、どんな未来でも選べるのです。だからこそ、一人ひとりが心と向きあい「自らの人生をどう生きるのか」が問われている時代だといえるのです。

## 「理想の結婚＝幸せが約束された人生」という価値観の崩壊

本当の意味で、「結婚さえすれば、女性の人生は安泰」といえるのでしょうか？

結婚こそ幸せな人生のゴールだと捉えている女性は、まだまだ多く見られます。けれども忘れてはならないのは、他人に委ねた、人からもたらされる幸せというものは、ほんの一瞬で崩れ去ってしまう危険性を、例外なくはらんでいるということです。

32歳の女性Mさんは、結婚5年目にして理想の結婚生活が突然崩壊してしまい、メンタルルームを訪れました。

Mさんの夫は銀行マン。彼を支えるため、Mさんは結婚と同時に会社を辞めました。

そんなある日、夫から突然「会社を辞めて、独立したい」と言われたのです。

「話を聞いたときには、すでに会社に退職願を出したというんです。もう独立に向けて、着々と準備もはじめているようで、週末もこれまでどおりには休めないと言われました。『もちろん経済的にもリスクはあるけれど、挑戦させてくれないか』『君も、何か好きなことをはじめてくれてもいい』と言われたんですが、どうしたらいいのかわからなくて。私も何年か働いてきてはいますが、特にキャリアに繋がるようなお仕事ではないんです。まさか夫が会社を辞めるとは思わなかったし、私自身そこまでバリバリ働いてはこなかったのです。頭では夫の言っていることを理解したつもりではいるのですが、何だか心の整理がつかなくって……」

銀行員の彼と結婚したことで、安心で安定した人生を手に入れたと考えていた数年後に、Mさんは夫に「銀行を辞めて独立起業する」と宣言されてしまいました。このまま一生続くと思っていた〝安定した暮らし〟が突然覆され、どうしたらよいのかわからなくなってしまったのです。

彼女の不安は当然のことです。たとえて言うなら、夫と一緒に電車に乗ってゆっくり人生を楽しもうとしていたら、彼の提案で突然電車から飛び降り、「お互い自転車に乗って、自力で漕いで進もう」と言われてしまったようなもの。彼女には自転車の選び方も、乗り方もわかりません。ずっと電車に乗っていればそのレールにそった目的地に向かっていけると思っていたのに、荒野に突然ひとり、降り立ったような心理状態です。

彼の漕ぐ自転車のうしろに座ったとしても、二人が進むのは足場の安定しないでこぼこ道です。そこを彼の不慣れな運転で進むことはどう考えても不安定ですから、落ち着かないはずです。

彼が「君も好きなことをはじめたらいい」と言っているのは、彼自身どうなるかわからないチャレンジの時期に、自由に動きまわりたいからです。自分が選んだ自転車に彼女を乗せて進むことは、当然負担が大きいのです。

「彼はWEB会社を立ち上げようとしているみたいで、それから専門の資格をとるためにスクールにも通いはじめたんです。なんだか前よりもいきいきとして見えます。もちろん彼のことは応援したいのですが、事業の内容を説明されても、私にはまったくわからない世界で、ますます混乱してしまって……何も考えられないんです」

Mさんが混乱してしまったのは、もちろん彼が路線を変えたことが大きいのですが、もっといえば、そもそも彼女自身の「自分がどう生きたいか」という自分軸が確立されていなかったことに起因しています。

**自分軸とは、その人が生きていくすべての指針となるものです。**ビジネスの成功者やトップアスリートなどは、みな確固たる「自分の軸」を持っています。例えばトップクラスのアスリートは、「金メダルをとる」「この記録をさらに伸ばしてみせる」と、自分の欲しいもの、成し遂げたいものが何であるかをしっかりと持っています。そうした揺るぎない信念でパフォーマンスに集中することで、チャンスを逃がさず自分のものにしていくのです。

トップアスリートのように、「自分がどうしたいのか」「どう生きたいのか」という軸をあなた自身の内側に創ることができれば、たとえ周囲の環境や価値観が揺らいだとしても、あなたの信念や行動がブレることはありません。

自分軸イコール人間力と断言してもいいくらい、とても重要で確かなものなのです。

Mさんの夫の「銀行を辞めて自分で事業を起こす」という意志は、彼の自分軸から出たものです。その自分軸に従って、自らが選択して、摑みたい未来に向けて歩きはじめました。けれどもMさんは「自分の人生をこうしたい」という軸を持っていなかったため、自らに振りかかった「夫が会社員から起業家になる」という外側の変化に対して、対応できなくなってしまったのです。

夫に突然「好きなように生きたらいい」と言われてMさんが困惑したのも、Mさんは自分一人で好きなことがしたくて結婚をしたわけではないからです。それよりも、彼とのんびりと電車に乗って、景色を眺めながら人生を過ごそうと思っていたのです。

彼女の暗く沈んだ顔には、先ゆきの不安や、行き場をなくした思いが表れていました。「私の人生は、どうなってしまうのでしょうか。私はどこかで間違ってしまったのでしょうか。彼のことは今も大好きですが、でもそれはこれまでのことであって、会社を辞めた彼をこの先受けとめていけるのか……。自分でも、よくわからなくなってきているんです」

私はMさんに、彼と結婚したことを後悔して欲しくありませんでした。これまで自ら下してきた決断は、どれも間違いではないのです。「夫の夢を応援する」ことも、そもそも「彼を夫に選んだ」ことにも問題があるのではなく、「自分の人生の主導権を彼に委ねてきた」ことこそが、何より問題の根源だったということを伝えていきました。

大切なのは、「事情が変わってしまった今、Mさん自身はどうしたいのか」ということです。解決策は、彼を引きとめることでも、自分を曲げることでもありません。新しい決断を下した彼を尊重することで自分が心地よく感じられるかどうかを、見極めていくことなのです。

受け入れがたい状況の変化に対し、自分をごまかそうとしたり、無理に受け入れようとすると、いつか必ずそのしわ寄せを受けます。それが「こんなはずじゃなかった」という、後悔となって表面化してきてしまうのです。

**重要なのは、「自分が自分で決めたこと」だと認識すること。偽りなく自分の心と向き合って決めたことであれば、心は自ずと前に進めるものです。**

「そうですね。私、無理に自分の感情を抑えていました。彼に勝手に会社を辞められたことが、イヤだったんだと思います。そんなのルール違反だって、心のどこかで思っていたのかもしれません。けれども『自分がどうしたいか』という指針がなかったせいで、ものわかりのいい妻をただ演じていたのでしょうね。その後も、関係が悪くなるのが怖くて、彼とちゃんと向き合っていませんでした。この機会にぜひ、自分軸を探そうと思います。このことに早く気づかせてもらえて、彼にも感謝しなくてはいけませんね」と、Mさんは明るい声で話してくれました。

## 在りのままの自分で、在りのままのその人を愛せる相手を探しましょう

かつて「誰もが羨む結婚をすれば、幸せになれる」という価値観が生きていた時代もありました。しかし現代においては、こうした価値観はまったく意味をなしません。いくら大企業のエリートと結婚しても、リストラや倒産といったリスクが常に潜んでいるからです。どんなに他人に羨まれて結婚をしたとしても、それがあなたの幸せと比例するとは限らないのです。

とはいえ、女性は結婚相手を選ぶとなると、年収や肩書といった「世間に評価された彼の価値」に振り回されがちです。けれども外側の価値に着目して人生を決めてしまうと、「こんなはずではなかった」という状況に陥る危険性が高まります。先ほどのMさんのように、夫が突

然会社を辞めてしまうこともありえますし、会社そのものがなくなる可能性だってあるのです。

自分軸を持つということは、相手の自分軸も尊重できる、ということです。そして何が起こっても、何がなくとも、「今ここに私がいる」と、すべてを受け入れることができるようになります。この自分軸こそ、現代人に必要な〝真の自立〟であると私は思っています。

決してブレない軸を持つと、地に足がつき、本当の強さがあなたの内側から溢れ出てきます。この軸がなかったり、ブレていたりすると、決して他人のことなど守れません。

**自分さえしっかり軸を持っていれば、何かあったときに、自己犠牲の気持ちを持って他人を守れるようになります。自分軸があれば、マリアスイッチを自在に押すことができるようになるのです。**そうした心の在り方でパートナーを選べば、結婚という「契約」のワクを超えた、目に見えない「信頼」や「絆」を自然に築いていくことができます。

マリアスイッチを押すことで、より高い視点が自分に備わり、「様々なものを受け入れながらも能動的に生きる」ことができるようになります。

もちろん、そこには自分で未来を切り開いていくエネルギーが必要です。けれども同時に、自由に生きられる選択肢を持てるようになるのです。

## 「自分軸」さえあれば、自由に人生を選択できます

一昔前までは、男性は30代半ばくらいまでに、女性は20代のうちに結婚をして家庭を築く、というのが公然のルールのようになっていました。けれども現在はその年齢幅が5～10歳近く上がっています。

女性にとってはキャリアアップだけでなく、海外留学、資格取得、お稽古ごとなど、20代・30代に挑戦したいことが社会にはたくさん存在しています。仕事を続けていたとしても、かつての女性たちは「結婚したら家庭に入る」ことを期待されていました。けれども今では、それ以外の選択肢のほうが多く用意されています。

こうして時代は変化しているのに、いまだに私たちの頭のなかには、日本人が脈々と受け継いできた「こう在るべき」という概念がこびりついてしまっています。その代表的なものは、「女は家庭に入り家を守るべき」「男は社会で家族のために働くべき」というもの。この概念がいつまでも根付いているため、「結婚をせずに独りでいる」ことに、罪悪感すら感じてしまうのです。

近年、日本の少子化問題は、どんどん深刻になっています。これは経済の低迷や女性の社会進出、晩婚化など、様々な要因がからみあっている複雑な問題です。

女性が子どもを産むためには、閉経という時間的な制約が存在します。女性が妊娠可能な時期にどう生き、どう過ごすのかということは、とても重要なテーマです。この問題は、ただ単に「子どもが欲しいか、欲しくないか」では決断できない非常にデリケートなもの。「子どもを産まない女性」「子どもを産めない女性」への社会的認識は除々に変わりつつはありますが、不妊に悩む女性が人知れず苦しんでいるケースも想像以上に多いのです。女性にとっての出産事情はもう一つの深刻な問題です。

こうした社会において一番危険なのは、自分が望んでもいないのに、そうしなければならないというhave toの気持ちから、昔ながらの概念に従うことです。

今こそ「結婚をして、何を手に入れたいのか」ということを、自分自身に問いかける必要があります。「自分がどうしていきたいか」がわかっていれば、どんなチョイスをしても間違うことはありません。選択を他者に委ねず、自ら摑み取ることができるからです。

あなたの人生には、誰かが決めた「こうでなければいけない」は存在しません。未来を決めるものは、あなたの外側にいる人々や環境ではなく、あなた自身の心の内側に在るのです。

大切なのは、「あなたが感じる幸せ」です。

そのなかに「好きな人と暮らしたい」「子どもを産みたい」というwantがあるなら、その声に従えばいいのです。「社会で自分の能力を試したい」「好きなことに打ち込みたい」という答えが出たなら、古い概念に従うことはありません。潜在意識は「ここでキャリアを捨てずに、働き続けたい」というサインを出しているのに、それを無視して「親から言われたから」と結婚を選んだとしたら、その先ずっと不満を感じる人生を送ることになってしまいます。

自分が歩みたい道であれば、たとえそれがどんなに険しくても、未来に対しチャレンジしつづけることができます。自らのwantに従って行動するなら、潜在意識から底知れないエネルギーが生まれます。たとえ上手くいかないときがあったとしても、すべて「自分が決めたこと」と楽観的に受け止められる強さが生まれてくるのです。「全部、自分が好きでやっていること。嫌ならやめればいい」と、人生における自由度もアップします。

その結果、起こった出来事を他人のせいにしたり、人を羨んだり、妬んだりすることも、いっさいなくなっていきます。

自分軸で生きていれば、周囲の雑音によって軸がブレることはありません。むしろそうした環境やシチュエーションの変化を、「自分がどれだけのものかを試すチャンス」とばかりに、楽しんで取り込むこともできます。そうした生き方に自分をシフトできれば、混沌とした現代社会は、とてもやりがいのある、生きる価値のある時代だと感じられるはずです。

恋愛においても、同じことがいえます。

マリアスイッチを入れることで、あなたは相手にどんな愛を注ぎたいですか？　そしてその愛で、誰の心をどのように温めていきたいのでしょう？

人生において自分軸さえあれば、どんなときでも自分らしく、自由に愛を表現することができるのです。

さらに**「自分にとって何が幸せなのか」ということを、自ら選ぶことができるようにもなります。既存の「結婚」というフレームに囚われない、真に望む愛のカタチが見えてくるのです。**

ではさっそく、あなたの潜在意識のなかに潜んでいる、あなたの「恋愛においての自分軸」を探していきましょう。

## 「恋愛バランスシート」で想像の翼を広げましょう

今あなたが「自分の望む愛のカタチ」と思い込んでいる概念は、果たして本当の意味で、あなたの内側から生み出されたものなのでしょうか？

三日目の主題は、自分の望む愛のカタチを明確に理解し、あなたのなかに「恋愛の自分軸」を確立するのが狙いです。恋愛の自分軸ができれば、過去の自分や周囲の意見などによって、あなたの愛がブレることはなくなります。

多くの人と恋愛を楽しみたいのか、たった一人の人に無償の愛を注ぎ続けたいのか、安定した愛を育みながら結婚生活を送っていきたいのか……。あなたはあなたの望むまま、どんな愛も実現できるのです。

では実際に、あなたの潜在意識を探っていきましょう。

P115の「恋愛バランスシート」を見てください。包容力、コミュニケーション力、行動力、性的魅力、財力、美力、もてなし力、体力と、豊かな愛を実現するための8つの項目があります。これらの各項目に、あなたがそのために身につけたい、具体的な内容を記入していきましょう。

記入していくポイントは、ドキドキ、ワクワクできる未来の恋愛を思いきりはめをはずして想像できるかどうか。内容は夢のような、叶うはずのない現実とかけはなれたようなもので構いません。できるだけ突拍子もない夢を書き出してください。誰に見せるわけでもないのですから、思いきりイマジネーションを働かせて記入していってください。

書いていくうちに「こうならなきゃ」「こんなの無理」と義務感にかられたり、メンタルブロックをかけたりしないよう、意識して行ってください。このトレーニングの狙いは、心の温度を上げてあなたのなかの潜在意識を引き出すことです。

例えば「財力」の項目には、「資産は5億円」と記入するくらいでも構いません。現実的に記入しようとすると、どうしても「今20万円として、一年でこの金額は難しいだろうな……」とリアルなシミュレーションがはじまり、具体的な計画を立てようとしてしまうのです。そうなるとイマジネーションはストップして、普段の思考や概念が顔を出してしまいます。

現実的に考えるのではなく、あくまでも根拠のない「こう在りたい」「こうなったらいいな」という、楽しい気持ちで書くことが大切なのです。

ここでは、あなたは自らの人生を思いのままに操ることができます。夢のようなことを思いつけば思いつくほど、このバランスシートは効果を発揮するのです。

それでは、記入例を見ていきましょう。

### ◈包容力

最近、忙しくて寝不足気味の彼とデート。沈んでいたため理由を聞くと、仕事でミスをしてしまったという。特に何を話すでもなく、砂浜に二人ゆったりと並んで座り、潮風に吹かれながら、寄せては返す波と、波打ち際ではしゃぐゴールデンレトリーバーを眺める。夕方までのんびり散歩を楽しみ、早めのディナー。別れ際に彼が、「今日はありがとう。君がいてくれてよかった」とぽつりとつぶやいた。私はただ一緒にいるだけで、彼を癒せる存在になれている自分を、とても誇らしく思っている。

## ◆コミュニケーション力

最近、彼がいわんとしていることを、すべて聞かなくてもわかるようになった。「僕のことを理解してくれてありがとう。信頼できるのは君だけだよ」と、彼も居心地がよさそう。もちろん私の本音も、ちゃんと伝えられていると自負している。コミュニケーションがスムーズなので、お互い一緒にいても何のストレスも感じない。空気のような存在とは、こういうことをいうのかもしれないと感じている。

## ◆行動力

来週は彼の誕生日。以前、雑誌を見ていた彼が「行きたい」と言っていた、一軒家イタリアンレストランに予約を入れる。もちろん、彼好みの最新映画のチケットも購入済み。ペアシートで、ゆったり映画を観るなんて久しぶりだ。彼の喜ぶ顔を想像して、今から口元が緩んでしまう。

## ◆性的魅力

ずっと好意を抱いていた彼と、なんだかいい雰囲気に。もう2年も片思いをしていた人と、初めてのお泊まりに出かけることになった。久しぶりに男性に身体を預けるのは緊張したけれど、とても満たされた。彼が腕枕をしながら「こんなにも自分以外の誰かを近くに感じたのは初めてだった。こんな瞬間をずっと待っていたのかもしれない。もう、離れられなくなった」

とぎゅっと抱きしめられ、私は幸せをかみしめている。

### ◈財力

まるで映画のシーンに出てくるような、自宅にある広々としたウォークインクローゼットで、週末に開かれるパーティに着ていくドレスをセレクト中。大好きなドレスやインテリアに囲まれて、まるでどこかの国の貴婦人のような毎日だ。バカンスはいつも海外の島にあるオーシャンビューの別荘で。のんびり海を見ながら、プライベートジャグジーでゆっくりとくつろぐのが定番。冷たいカクテルを片手に、波の音を聞きながら、沈む夕日の優美さに心満たされている。

### ◈美力

街を歩けば、誰もが振り向いて賞賛の眼差しを送ってくる。まるでアンジェリーナ・ジョリーのように、大胆なスリットの入ったスカートからすらりと長い脚が覗き、カツカツとヒールの音を響かせながら、誇らしい気持ちで歩いている。あまりにも熱い視線なので、みんなの眼差しが痛いほど。男性からは「ほほ〜う」という感嘆の声が、女性からは「素敵、あの人、カッコイイ」というささやきが聞こえてくる。

### ◈もてなし力

今日は恒例のホームパーティの日。昨日から準備しておいたお料理を、セッティングしたテーブルの上に並べる。家じゅう、魚のグリルに使ったハーブの爽やかな香りが漂っている。そして、友人たちが到着。初めて挑戦したローストビーフを、皆が大絶賛してくれて鼻が高い。作り方を知りたがる友人たちに、「いつでも教えてあげますよ」と、後でレシピをメールする約束をする。

### ◆体力

ハワイのトライアスロンの大会に出るのが目標。日々皇居の周りを走りながら、爽やかに香るそよ風を受けている。皇居の周りを軽やかに走り、今日も10キロ完走することができた。仕事とはまた違う達成感を感じながら浴びるシャワーは、また格別だ。体を動かした後の爽快感に酔いしれている。

このように、記入する内容は、すべて勝手な夢で構いません。目指すは「大いなる勘違い」です。現実的な「しなければならないこと」ではなく、あくまでもあなたが望む「したいこと」を書くようにしてください。自らのイマジネーションを働かせて、理想の「○○力」を表すようなシチュエーションを、想像の翼を広げて記入していきましょう。

大切なのは、あなたの感情が高揚すること。最終的に実現したいのは、たとえ架空ではあっても、あなたが「その体験を味わう」ことです。これは潜在意識を引き上げるトレーニングの

## [ 恋愛バランスシート ]

あなたの理想とする愛のカタチを書き込んでみましょう

[ 体力 ]

[ 包容力 ]

[ コミュニケーション力 ]

[ もてなし力 ]

**理想の愛のイメージ**

[ 行動力 ]

[ 美力 ]

[ 財力 ]

[ 性的魅力 ]

方法のひとつなのです。

まったく実現不可能な、無責任な夢物語で構いません。子どものころに描いた、「夢は宇宙飛行士」「日本一美味しいケーキ屋さんになりたい」といった、純粋な「こう在りたい」という気持ちを大切にしてください。「今さら、そんなものになれっこないでしょう」といった、常識的なあなたが出てきそうになっても、しばらくはお引き取りいただきましょう。

主人公は、もちろんあなた自身。それぞれの項目で繰り広げられるシーンの映像が、色鮮やかに脳裏に浮かび、様々な音が聞こえてくるまでリアルに想像していくのです。

すべての項目があなたの「なりたい自分」で満たされたら、最後の仕上げに、バランスシートの中央部分にあなたの思う**「理想の愛のイメージ」**を記入します。

「純愛」「誠実」「情熱」「永遠」「純潔」など、愛を表す言葉はたくさんあります。ここに記入するべき、模範回答はありません。あなたが想う、理想の愛のカタチを自由に書けばいいのです。

バランスシートをすべて記入し終わったら、あらためてすべての項目を読み返してみましょう。読み返したあとで、心がワクワク、ドキドキと高揚しはじめたら、第一段階は大成功です。そこに存在しているのは、今のあなたとは「別次元の自分」。いいかえれば、あなたが理想とする「未来の在りたい自分」なのです。

## 心の温度を上げて、「素の自分」への回路を取り戻す

あなたが思い描いた世界は、ドラマや映画のように誰かが創った理想の世界ではありません。あなた自身から生まれたストーリーです。それは、どんなに偉大な巨匠が生み出した映画や小説でもかなわないものになります。このバランスシートは、あなたの潜在意識が求めている、理想の恋愛の姿を文章化したものであると同時に、その理想を実現させるためのツールなのです。

映画のような出来事は、人生にそうそう起こるものではありません。けれども想像でなら、どんなきらびやかでロマンチックな出来事も体感できます。あなたの理想の未来を創り出すのは、あなたが潜在的に持っているイマジネーションの力です。そこで生み出される「愛に満たされる感情」こそが、あなたの「愛する力」を強化し、心のマリアスイッチの効力を引き上げてくれるのです。

じつは、ここで大切なのは、バランスシートに記入した内容そのものではありません。あなたの心が温まり、開放的な気分になれているかどうか、が重要なのです。心のテンションが上がり、楽しい気分になっていただくのが目的です。

バランスシートを眺めながら、「実現したら、すごく楽しそう」と子どものように無邪気に

思うだけで、もうあなたの潜在意識は目覚めはじめています。普段の自分からは想像できない馬鹿げたことを、実際に文章化して眺めてみるだけで、心が動いていくのがわかるはずです。この「心が動き出す」感覚こそ、普段使っていない回路を動かしている証拠であり、メンタルトレーニングが正しく行われている証です。

子どもなら誰でも、こうした心の回路を持っています。けれども成長する段階で無自覚に退化させてしまうのです。

「こんな自分もいるんだ」と、自分の意外な一面に驚くこともあるかもしれません。そして読み返すうちに、「やっぱり、こんなのは夢物語だ」と、心の声が打ち消すこともあるでしょう。

それこそが、あなたの愛する力を邪魔する「ドリームキラー」です。あなたを夢の世界から現実に引き戻し、潜在意識の力を阻害しようとするのです。これは、そうした声とお別れするためのトレーニングでもあります。ドリームキラーに惑わされずに、子ども時代に持っていた、純真無垢な「素の自分」を取り戻すことを目指してください。

恋愛バランスシートに記入することで、大人になるにつれて身についてきた、様々な制約や自由を律する心を、ここで一度断ち切ってみてください。すると子どものころに持っていた回路が、再びつながっていきます。

心の温度を上げてウォーミングアップをして、同時に、失われていた「素の自分」への回路をつなぐ。これができたら、三日目のメンタルトレーニングは大成功です。この心のウォーミングアップが、必ずや、あなたのなかに愛の力を生み出す「自己発電装置」の原動力になってくれるのです。

# 四日目

# 「運命の人」に自分からなるトレーニングをしましょう

## 「未来記憶」を創れば理想の愛は引き寄せられます

二日目で過去の**「感情記憶」**を塗り替え、三日目にはあなたの**「理想とする愛のカタチ」**を探っていきました。この二日間で、愛の力を鍛えるウォーミングアップは終了。あなたの心の温度は、かなり高まっているはずです。

四日目の今日は、心のテンションを保ちつつ、**「未来記憶」**を創っていきたいと思います。

「未来記憶」とは、言葉どおり、これからやってくる未来における記憶です。つまり、この先起こる未来の出来事を、あらかじめ脳のなかにイマジネーションして創り出してしまうのです。

記憶というと、「過ぎ去った過去」や「現在起きていること」に対する記憶というイメージをお持ちだと思いますが、じつは潜在意識には現在や過去、未来といった時間の概念がありません。ですから、自分が思い描く理想の未来像を、潜在意識に「記憶」として刻み込むことができるのです。これこそが「未来記憶」です。

未来に対する明確なビジュアルイメージを脳に記憶させれば、実際に起こったことと同じように、「記憶」としてメモライズされるのです。

未来記憶の達人の代表格といえば、アップルを創設したスティーブ・ジョブズ氏です。彼が「イマジネーション」を働かせ生み出したプロダクトは、今もなお、多くの人々の心を動かし、圧倒的な感動を与えています。

ジョブズ氏は、これから先の未来に生み出すプロダクトにドキドキワクワクして、「想像上の未来の自分」に感動することで、自らの内側から湧き起こる強烈なwantにより、数々の斬新な商品を世に送り出してきました。

前に述べたように人間の能力の限界は、イマジネーションの限界でもあります。イメージできていないことは、現実化することはできないのです。例えばあなたが恋愛から遠ざかっているとすれば、その理由はあなたに恋愛する能力がないのではなく、イマジネーションの能力が退化していることが原因ともいえるのです。

逆に捉えるなら、**イメージしたことは実現可能だということです。イマジネーションが湧いてくるようなマインドに切り替えれば、どんな人でも、思い通りの未来が実現できるようになります。**

理想の愛のカタチがイメージできれば、それは現実化できます。そのための手段が、理想の愛の明確なイメージを、「未来記憶」として、潜在意識に認識させていくことなのです。

## メンタルブロックを外して、愛の表現者に

人は心のどこかで「変わりたい」「もっと素敵な自分になりたい」という願望を持っています。けれどもなかなかそれを実現できないのは、人間の保護本能の仕業なのです。人間の体は外部の環境が変わっても、体温や体内機能を一定に保てるような働きを持っています。これを恒常性維持機能＝「ホメオスタシス」と言います。この人間が変わらず在り続けようとする機能は、メンタル面でも、現状を維持しようと作用してしまうのです。

何かにチャレンジしようとするときに、人は未知のものや変化に不安や恐れを感じます。そ

して潜在意識が、見知らぬ未来を「危機的状況である」と判断し、現状維持を保つよう働きかけます。この心理こそが「ホメオスタシス」の作用です。未知の世界に踏み込もうとした際にも、無意識に「危険には近づかないようにしよう」と、ブロックをかけて遠ざけてしまうのです。

恋愛においても、同じ現象が起こります。恋愛に傷ついた経験のある人は、「もう恋なんてしない」「恋愛も結婚も私とは無縁」と、恋愛から逃げだそうとしてしまうのです。これは火傷をしたり、おぼれたりした経験のある人が、火や水辺に近寄らないようになるのと同じこと。太古から人間に受け継がれてきた、生命維持のための機能なのです。

確かに恋愛を遠ざけていれば、傷つくことはなくなります。けれどもそれでは、人生の醍醐味を十分に味わえないまま生きていくことになってしまいます。

傷つくことを避けるあまりに、私たちの望みを妨げるこうした無意識の機能的反応こそが、これまでも何度か登場してきた「メンタルブロック」です。メンタルトレーニングとは、このメンタルブロックを外し、あなたを一時的に天才や奇才と呼ばれる人々と同じような心の状態にしていくトレーニングでもあるのです。

天才や奇才と言われるような人々は、その業績を認められるまで、しばしば世間から「変人」と見なされてきました。彼らは、常に自分や社会の常識を塗り替えることに生き甲斐を感じ、そのフレームから外れることを楽しんでいるからです。社会の常識から外れることに、恐れよりも喜びを感じているともいえます。そこに「メンタルブロック」がかからないからこそ、彼らは人には及ばない偉業を成し遂げられるのです。

先に述べたように、新しいものを生み出す天才たちは、自らの人生に感動しながら生きています。メンタルブロックを外すことができれば、あなたも、自分の人生に感動できるようになれるのです。

**もしあなたが人生のどこかのタイミングにおいて、「運命の人に出会いたい」と強く願うのであれば、まずは「その誰か」を感動させる必要があります。目の前にいる相手の心を動かし、その感情を塗り替えることではじめて、あなたは「彼の特別な人」になれるからです。**

運命の人に出会いたいならば、相手にとってもあなたが運命の人になる必要があります。そのためにはまず、あなたが未来の自分自身に感動できていないと、相手の心を動かすことなどできません。自分の人生に感動することができれば、自然と強いプラスのエネルギーが内側から湧いてきます。このエネルギーこそ、人を動かす力そのものなのです。

こうして**自分の内側から湧き出てくるエネルギーを使って、あなたは「あなたの人生の表現者」になるのです。**するとあなたの「運命の相手」があなたの表現した人生に共鳴し、心を動かすようになります。

表現者になるための第一歩は、まず幸せのカタチを「未来の記憶」として自ら創り出すことです。その記憶にあなた自身がワクワクできれば、あなたの未来も確実に変わっていきます。これまでとは違った魅力が内面から溢れ出し、運命の相手に出会うための準備も整っていくのです。

## 時間は後ろに流れるのではなく、前からやってくるもの

三日目のバランスシートでは、自分がどうしたいかという、「理想の愛」のイメージ創りを行ってきました。記入し終えたバランスシートを繰り返し眺めることで、自分が理想とする愛のカタチがイメージとして見えてきたはずです。

次のステップとなる四日目では、その理想の愛のカタチのイメージを言語化し、未来に向かって宣言していきたいと思います。そしてその理想のカタチを、未来記憶として脳に定着させるのが狙いです。

その実践に移る前に、まずは時間の捉え方を改めていきましょう。

大部分の人は、時間は過去から現在へと流れていく、と考えがちです。けれどもそうではな

くて、時間は未来から現在、そして過去へと、前から流れてくると時間の捉え方を変えていただきたいのです。

私たちが「今」だと思っている「現在」は、一瞬にして「過去」になります。こうした時間の流れを、「今が過去になる」川の流れのように捉え、前方から未来がこちらに向かってやってくる、と考えてみるのです。

一分先の未来は一分後には「今」になり、次に十分先の未来も十分後には「今」となり、さらに一時間先の未来は当然一時間後には「今」となる。そして「今」となった一分後、十分後、一時間後は、すべて「過去」になっていく。このように、「未来」から「現在」、「現在」から「過去」へと時間が流れていく、と強くイメージしてください。

なかなか感覚が摑めないなら、「今がどうであるかが、未来を創る」と考えてみましょう。すると過去の失敗や傷ついた経験があなたを左右するのではなく、たった今の言動が未来につながっていく、と思えるようになります。

「過去がどうであったから、現在がこう」ではなく、新しい未来が前からやってくると捉えると、来るべき「未来」に対して、常に心構えをしておくことができるようになります。するとどんなことが身に降りかかってきても、慌てず適切に処理することが可能になります。

テトリスなどのパズルゲームでも、同じ現象が見られます。プレイ中、次にくるパズルのピースを知っているのといないのとでは、対応に雲泥の差が生まれることがわかるはずです。余裕をもって来るべきパズルのカタチを見極めることができていれば、次々とピースが落ちてきても、自分の思ったとおりの箇所にうまくパズルを収めることができるようになります。

しかし、ほかの何かに気をとられて、集中力が途切れてしまった瞬間、冷静な判断能力は損なわれます。すると精神的に余裕がなくなり、ピースを待ち構えている能動的な状態から、「ゲーム機のペースに合わせている」という受動的な体勢になってしまいます。そしてミスしたパズルに意識をとられ、たちどころにゲームオーバーになってしまうのです。

こうした失敗のきっかけとなるのは、「ゲームはレベル9でいつも失敗してしまう」や「野球でセンターフライがいつも取れない」といった、「失敗してしまった過去の記憶」であることが多いのです。これは過去に囚われ、未来のチャンスを台無しにしてしまうのと、同じ現象といえます。

人間が「何かを待ち構えた状態」にいるとき、体内ではアドレナリンやドーパミンといった神経伝達物質が分泌されています。すると相手任せの受動的な体勢から、「絶対に成功する」というイメージを持つ能動的な状態に変わり、テトリスなら「失敗する気がしない」、野球なら「ボールを落とす気がしない」といった無敵の心理状態になるのです。

落ちてくるパズルのピースや飛んでくるボールを、人との「出会い」に置き換えてみても、同じことがいえます。

**「明日は、どんな出会いがあるだろう。こんな人と出会ったら、どんな話をしよう。こんなふうに自分を伝えていきたいな」と胸をときめかせて準備していれば、どんな人と出会っても、自分らしく対応することができるのです。**

何の体勢もとらず、ただ出会いを待っている受け身の状態では、せっかくの出会いも無駄にしてしまいます。フォーカスすべきなのは、「相手にいかに気に入られるか」「相手にどれだけ愛されるか」ではありません。マリアスイッチを入れた状態で、相手を「自分がいかに受け入れ」「自分がどのように愛するのか」という心の体勢を整えておく必要があるのです。

**あなたが変えられるのは、自分自身と未来のみです。**過去に戻って、起きたことを訂正することはできません。落ちてしまったボールや、ゲームオーバーになってしまったゲームの画面を、いくら眺めていてもどうにもならないのと同じです。

## マリアスイッチを押して、無限の愛を創る「自己発電装置」を起動させましょう

これまで述べてきたように、相手任せの受動的な恋愛をしていると、振り回される苦しみばかりが募ります。苦しみを遠ざけるためには、**「誰に愛されるのか」と待つのではなく、**マリ

**アスイッチを入れて「自分が誰を愛していくのか」を、自分で決めていけばいいのです。**あなたが自分の愛の力を信じることができてはじめて、相手の愛も信じることができます。相手が「自分を愛してくれているかどうか」ではなく、自分が「その人を愛しているかどうか」を大切にしていくのです。

相手のグチばかりこぼす女性の共通点に、「してくれなかったことばかりを嘆く」というものがあります。こうした悪循環から抜け出すためには、「そうしてもらえなかった自分」をまず反省してみることが有効です。

「彼が私との時間をもっと割きたくなるのは、どんなときか」「彼に、私といると楽しいと思ってもらうために、私は何ができるのか」と、自分ができることを想像し実行していけば、あなたの魅力はどんどん増していきます。そして自ずとマリアスイッチが入った状態になるので、彼に対する愛は尽きることなく生み出され、さらに心の視点も上がっていくのです。

あなたが彼にとってより魅力的な女性になれば、彼もあなたとの時間を、もっと大事にするようになります。相手が「〇〇してくれない」と嘆くよりも、自分に「何ができるのか」「こうしたらどうだろう」と自らの心に問いかけるほうが、より恋愛のクオリティを高めることになるのです。

目指したいのは、自分の理想の愛のカタチを自覚しつつ、相手の言動の真意を感じられるようになること。恋愛の自分軸をしっかり持っていれば、あなたの潜在意識が、「どうしたらいいのか」を教えてくれるようになります。そのために必要なトレーニングが、あなたの理想とする恋愛のイメージを脳に刻みつけることです。すると潜在意識が働き出し、あなたの中に眠っている「愛する力」が目覚めるのです。

「愛する力」を引き上げるためには、あなたのマリアスイッチを入れて、潜在意識のパワーの原動力となる**「自己発電装置」**を稼動させる必要があります。

この自己発電装置は、誰の心のなかにも眠っています。今は活動を休止している状態ですが、トレーニングをして鍛えることで、すぐにフル回転させることができます。

二日目に行った過去の塗り替え、三日目の自分軸探しも、あなたの自己発電装置にエネルギーを蓄えるためのものでした。四日目の今日は、マリアスイッチをオンにする未来記憶を創っていきます。そうすることで自己発電装置を起動させ、あなたの「愛する力」を引き出していくのです。

## 心がときめく「未来記憶」を創りましょう

ではさっそく、トレーニングをはじめていきます。

未来記憶を脳に定着させるためには、自分の未来に対して「こうなる」と、きっぱりと宣言することが必要です。理想の恋愛相手や結婚、家族のカタチを、より具体的にイメージしていくのです。そうして、「自分はどんな恋愛や結婚をしたいのか」を明確にし、望む未来を現実化させていきましょう。

具体的には「一年後、自分はどうしていたいのか」を、脳のなかでビジュアル化し、メモライズさせるのです。

P134の「5W1H」の円グラフを見てください。

「5W1H」とは、英語の「Who」(誰が)、「What」(何を)、「When」(いつ)、「Where」(どこで)、「Why」(なぜ)、そして「How」(どのように)を意味しています。これらの5W1Hを意識しながら、できるだけ具体的に、一年後のあなたの一日の過ごし方を記入してください。24時間、一年後の自分が何をしているかを、事細かに書いていきましょう。朝目覚めたときから夜眠りに落ちる瞬間まで、できる限り具体的にイメージをふくらませて、詳細に書くことが大切です。

例えば、一日のはじまりはこんな調子です。

**朝、ピピピピという小鳥の鳴き声と、カーテンから差し込む柔らかな日差しに包まれながら**

目を覚ますと、「おはよう」と、大好きな彼の笑顔が見えた。ダイニングからコーヒー豆のいい香りが漂ってくる。大きく伸びをすると、素足に上質なリネンの心地よい感触を感じる。フワフワした感触のオフホワイトの室内履きに足を入れ、リビングに入っていく。「コーヒー、入ってるよ」と彼が、大きなマグカップを持って笑顔で迎えてくれる。ダイニングテーブルに座っている彼の頭に寝癖を発見し、彼への愛しさが込み上げてくる。

もちろん、デートの朝に一人で目覚め、おめかしして出かける様子でも構いませんし、理想の夫と一緒に朝ご飯を食べる情景でも、お腹に宿っている新しい命に「おはよう」と話しかけるシーンでも構いません。

誰と、何を、いつ、どこで、なぜ、どのようにしているのか、また、そのときにはどんな香りがするのか、耳から聞こえてくるのはどんな音なのか、触感はどうかと、五感をフルに使いながら情景を創り上げていくのです。朝の情景からはじまってデイタイム、夕方、夜と細かく描写をしていってください。

すべての状況には、「そのとき、どんな気持ちでいるか」という気持ちの描写を必ず加えましょう。どんなシーンも、「ｉｎｇ」＝「〜している」「〜思っている」「〜と感じている」といった現在進行形で記入することも大切です。

デイタイムは仕事に打ち込む姿や、彼とのデート、また一人でショッピングに出かけたり、結婚準備に勤しんでいたりと、一年後に「自分がしていたいこと」をしている情景として創っていきましょう。

ディナータイムなら、手料理を振る舞って、彼に「今日のシチューもすごく美味しそうだね」と言われていたり、気の合う女友だちと食事に出かけて「ここのお店、パスタがすごくおいしいね」と言い合っていたり……。そのときに一緒にいるのは誰なのか、その相手とどんな会話をしているのかといったことも、思いつくままに書き加えていってください。夜寝る前のシーンならば、隣で眠る彼の寝顔を見ながらゆっくりと寛いでいる情景、明日のデートに胸をときめかせながら心地よく一人で眠りにつくヒトコマなど、どんな状況でも構いません。

現在、すでに好きな人がいるのならば、「理想の一日」にその人との生活シーンを具体的に盛り込んでください。これを毎日繰り返しイメージすることで、その彼の「運命の相手」に、あなたは自然となることができるのです。

一年後に、実際にそうなれるかどうかはここではまったく関係ありません。注意していただきたいのは、絶対に「現実の一年後の計画」にならないようにすることです。「こんなふうに過ごしていたい」「こんな自分になっていたらいいな」という願望を、できるできないではなく、「こうなりたい」を念頭に置きながら自由に書いていくことが大切です。

# [ 5W1H —未来記憶— ]

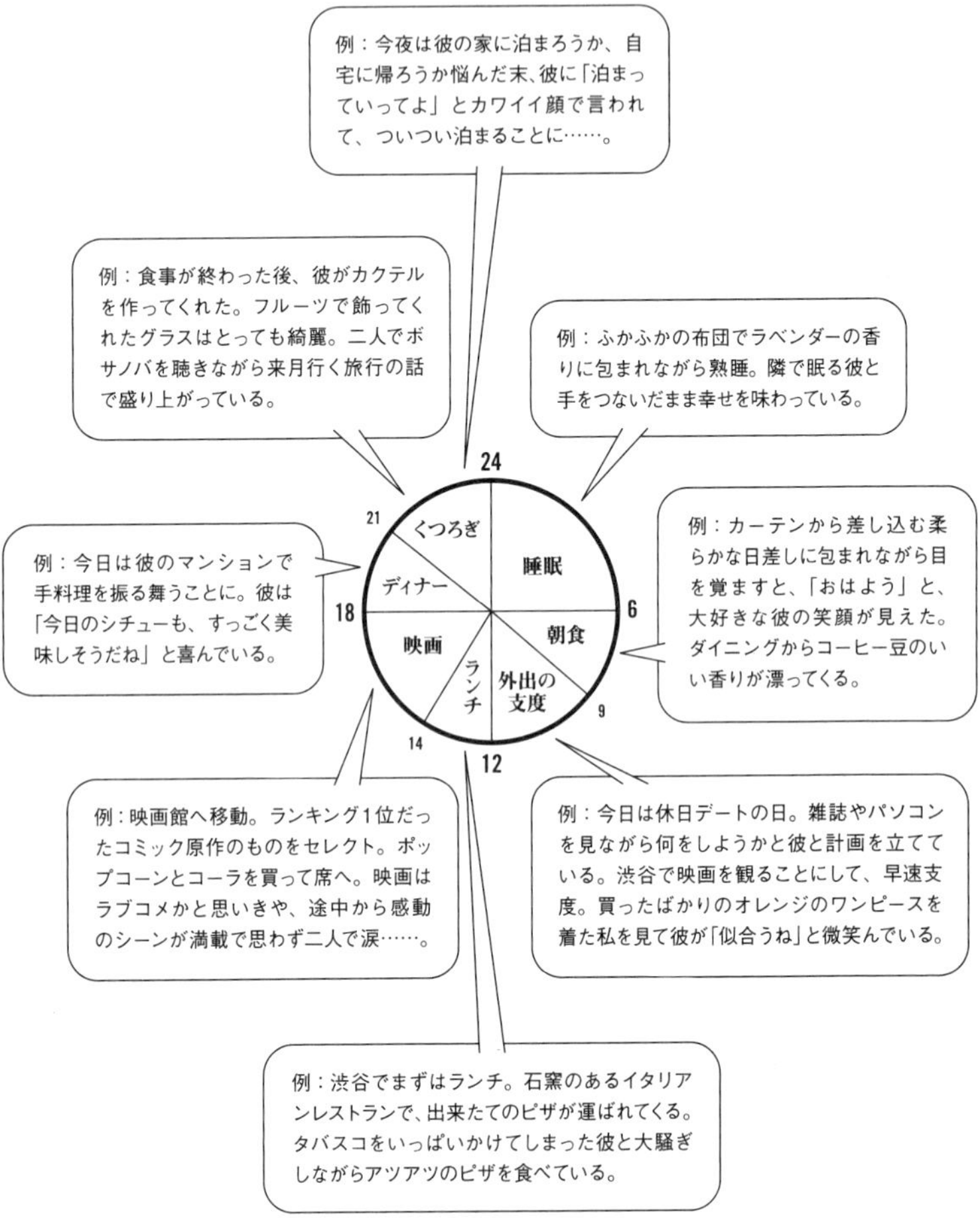
例：今夜は彼の家に泊まろうか、自宅に帰ろうか悩んだ末、彼に「泊まっていってよ」とカワイイ顔で言われて、ついつい泊まることに……。
例：ふかふかの布団でラベンダーの香りに包まれながら熟睡。隣で眠る彼と手をつないだまま幸せを味わっている。
例：カーテンから差し込む柔らかな日差しに包まれながら目を覚ますと、「おはよう」と、大好きな彼の笑顔が見えた。ダイニングからコーヒー豆のいい香りが漂ってくる。
例：今日は休日デートの日。雑誌やパソコンを見ながら何をしようかと彼と計画を立てている。渋谷で映画を観ることにして、早速支度。買ったばかりのオレンジのワンピースを着た私を見て彼が「似合うね」と微笑んでいる。
例：渋谷でまずはランチ。石窯のあるイタリアンレストランで、出来たてのピザが運ばれてくる。タバスコをいっぱいかけてしまった彼と大騒ぎしながらアツアツのピザを食べている。
例：映画館へ移動。ランキング1位だったコミック原作のものをセレクト。ポップコーンとコーラを買って席へ。映画はラブコメかと思いきや、途中から感動のシーンが満載で思わず二人で涙……。
例：今日は彼のマンションで手料理を振る舞うことに。彼は「今日のシチューも、すっごく美味しそうだね」と喜んでいる。
例：食事が終わった後、彼がカクテルを作ってくれた。フルーツで飾ってくれたグラスはとっても綺麗。二人でボサノバを聴きながら来月行く旅行の話で盛り上がっている。
24
睡眠
6
朝食
9
外出の支度
12
ランチ
14
映画
18
ディナー
21
くつろぎ

あなたの理想の一日を書き込んでみましょう

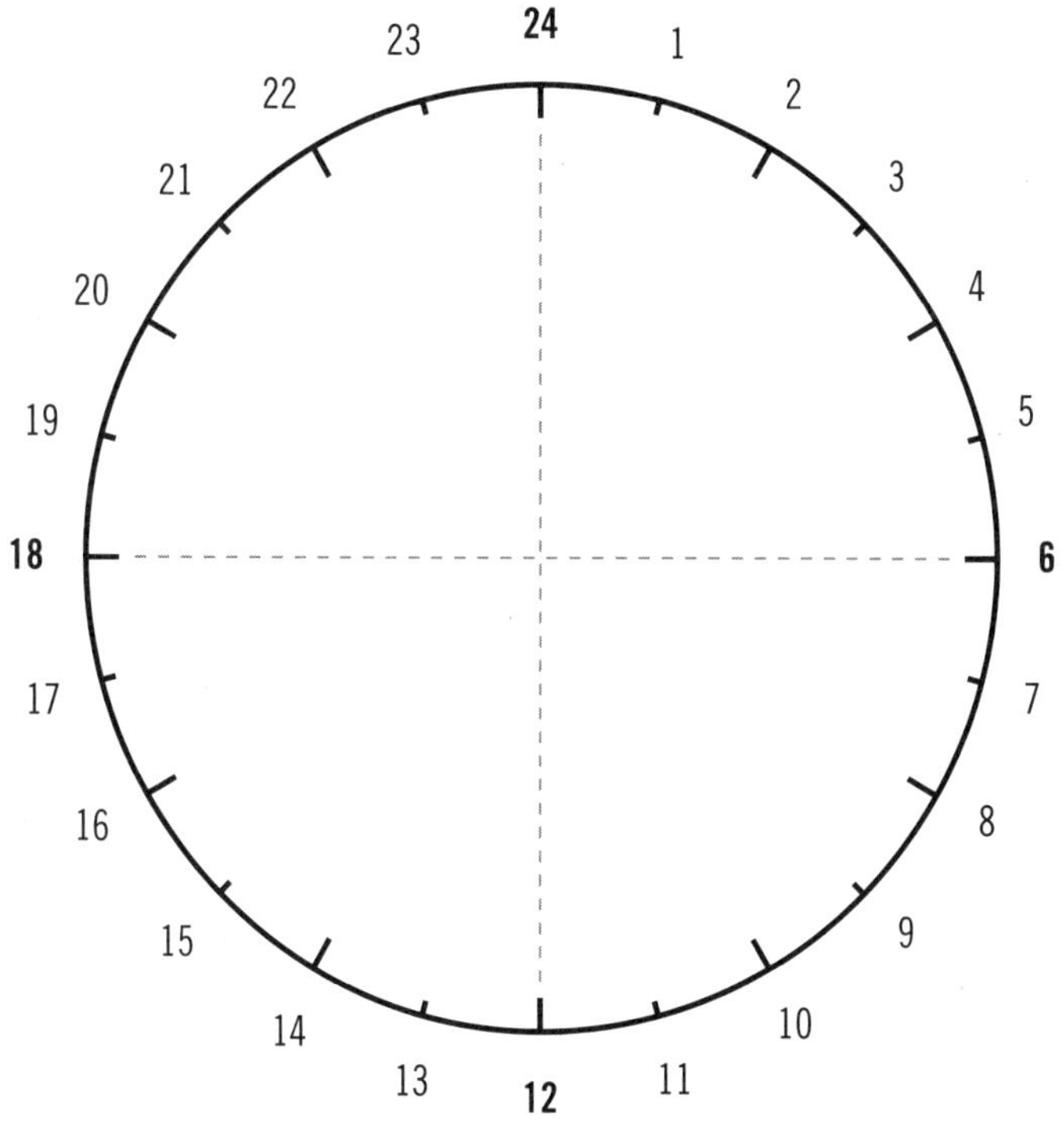

ねらいはhave toの気持ちをかきたてる計画表を創ることではなく、いい意味で「勘違いできる能力」を鍛えること。そして、あなたのなかに「嬉しい」「楽しい」「誇らしい」「充実している」「満足している」「幸せを感じている」「心地よい」「満たされている」「安らいでいる」「優雅な気持ちでいる」といった、様々な「快」の感情を感じさせることが目的です。

すべて記入し終わったら、朝から夜までの行動を、じっくりと眺めてみましょう。読みながら、それぞれの状況を想像してみるのです。そして理想の一日を読み終えたときに、あなたの気持ちの温度が上がっているかどうかを、チェックしてみてください。

人が聞いたら「?」と思うくらい、大げさで強烈な内容で構いません。むしろ大げさすぎるくらいのほうが、メンタルブロックを外す効果が高いのです。

最初はまったく現実味が湧かなかったとしても、繰り返し読むうちに、だんだんとリアリティが増してくるくらいのものが理想的。読みながら胸がドキドキワクワクしてくるか、そしてまぶたの裏にその状況が映像として浮かび上がってくるかどうかも、大切なチェックポイントです。

さほど自分が盛り上がれなかったら、あなたの潜在的な願望が十分に盛り込まれていないサイン。映像が浮かび上がり、胸がときめくようになるまで修正を加えて、あなたにとっての理想的な一日を創りあげてください。

あなたの理想的な「5W1Hシート」が完成したら、続いて脳に記憶させるステップに進みます。一日最低二回は、このシートを見るよう習慣づけていきます。

朝目覚めたとき、朝食時、通勤中、ランチタイム、夕食のあと、バスタイム、眠る直前など、読むタイミングは、あなたのライフスタイルにあわせてもらえばいいのですが、ぜひ毎日行ってもらいたいのは、朝目覚めた直後と、眠る前です。この二つのタイミングには必ず目を通して、「あなたの理想の幸せな世界」へ、脳内トリップをするようにしてください。

起きた瞬間と、眠りに入る直前に目を通していただきたいのには、大きな理由があります。睡眠中に夢を見ているときは、誰もがその世界を現実だと思っているものです。目覚めが近くなるまで、どんな非現実的な夢の世界でも、「これは夢だ」とは認識されていないのです。眠りと覚醒の狭間では、「現実」と「イマジネーション」の境目が曖昧になっているからです。

この眠りと覚醒の狭間にあたるタイミングに、「理想の世界」をイメージすることで、より効率よく脳に「未来記憶」をメモライズさせることができます。加えて、心の温度が上がった状態で、幸せな気持ちのまま眠ることができるのです。ですから寝る前には必ずシートを枕元に置くことを、毎日の習慣にしていきましょう。また朝目覚めたタイミングに行えば、心地よい気分のまま一日をスタートすることもできます。

初めのうちは、シートに書かれている情景をゆっくり読みながら、それぞれのシーンを想像していきます。そうして、子どものころに持っていた「夢の世界を想像する回路」を再び構築するのです。すると本来のピュアなあなた、常識や過去のワクから自由になったあなたが、徐々に現れてきます。

文字から情景を想像することを繰り返すうちに、シートを見なくても、すぐにその状況が自然と脳裏に浮かぶようになります。在りたい「理想の一日」が、あなたの記憶に刻まれるイメージです。このころには、過去の記憶と同じくらい、未来の記憶も鮮明になっていきます。

シートの内容を暗記し、すぐにその世界に入れるようになったら、メンタルトレーニングは着々と効果をあげていきます。「未来記憶」が脳にしっかりとインプットされ、あなたの潜在意識が「理想の一日」の実現に向けて、次にとるべき行動を教えてくれるようになっていくからです。

目安は一つのシーンにつき、2〜3分のイメージトレーニングを行うことです。朝、デイタイム、夕方、夜の4つのシーンがありますから、合計10分ほど「未来の理想の一日」の世界に浸っていることになります。もしどうしても時間がないときは最低ワンシーンでもよいので、欠かさず行ってください。

ただし注意点がひとつ。イメージトレーニングを毎日繰り返しているうちに、これまでときめいていた内容に、魅力を感じなくなる瞬間がやってきます。ダイエットの停滞期と同じで、これまでと同じことをしていても、心身が反応しなくなってしまうのです。

そんなときは、内容を変化させたり、情報を足してみたりして、再び胸がドキドキするような内容にバージョンアップさせていってください。シートの賞味期限は人それぞれ。「心の温度が上がらなくなったときが改訂する時期」と覚えておきましょう。

このようにバージョンアップを繰り返していくと、未来記憶が「第一巻」「第二巻」というように、どんどん内容が増えていきます。未来記憶のコレクションが、月日とともに増えていくのです。未来記憶が増えれば増えるほど、このトレーニングの効果はますます高まっていきます。

慣れてくれば、「今日はあのバージョン」「寝る前はこのイメージ」と、見たい映画のＤＶＤを選ぶように、そのときの自分を一番高めてくれるイメージを取り出すことができるようにもなるはずです。

こうして内面のイメージが豊かになればなるほど、マリアスイッチは効力を発揮し、あなたの心の視点はより高い次元に引き上がっていくのです。

## 「未来記憶」で魅力的な存在に

「5W1Hシート」とともにメンタルトレーニングを続けていると「未来記憶」が定着し、あなたの「愛する力」は着実に鍛えられていきます。

シートに書いてあるドキドキする「理想の自分」をイメージしながら毎晩眠りにつき、毎朝ワクワクした気持ちのまま目覚める毎日を送っていると、一年間はあっという間です。

よく、「恋をすると女性はキレイになる」と言われます。実際に彼がいるいないにかかわらず、「5W1H」のメンタルトレーニングを行うと、自分の理想の未来にときめくことで、毎日ドキドキ、ワクワクしながら生活することになります。すると、恋にときめいているのとまったく同じ心の状態になっていきます。

ホルモンバランスが整って肌もツヤツヤになり、精神的な余裕も生まれます。表情が明るくなり、魅力的な女性に生まれ変わるのです。**あなたを苦しめたり振り回したりする男性と付き合っているよりも、一人でイメージトレーニングしているほうが、よほどキレイになっていきます。**

さらに、自分が「誰と何をしていたいのか」というビジョンがはっきり認識できるようにもなります。ですから、あなたの望む未来を邪魔する外的状況にひたすら苦しむこともなくなり、より効率的に、理想の未来に向かって進むことができるのです。一度きりの人生の貴重な時間を、ムダにすることもなくなります。

また未来記憶が鮮明になればなるほど、これまでの恋愛がもたらしたトラウマは、どんどん薄らいでいきます。これまでの恋愛の失敗に、無理にフタをして見ないようにすることもなく、自然と気にならなくなっていくはずです。二日目に塗り替えた記憶を、さらにポジティブに捉えることができるようになるのです。

過去が気にならなくなる理由は、あなたの心が温まり、ポジティブな未来記憶に満たされていくため。何より「今までの恋愛はすべて、自分が選んでしてきたこと」と受け止めることができるようになるからです。

そして「様々な恋愛を経て今ここにいる私」を誇りに思うことができ、これまで関わってきたすべての人々に感謝の気持ちが持てるようになります。

さらに続けるうちには、乗り越えられなかった過去が浄化され、完全に昇華されていくのが実感できるはずです。

これこそが、マリアスイッチの威力です。

未来記憶にときめくうちに、これまでのこだわりがウソのようになくなり、心が美しく透明になっていきます。まるで内側にマイナスイオンが発生する空気清浄機が設置されたように、感情がクリーニングされ、まるごとデトックスされていくイメージです。

こうした新しい回路ができれば、どんなに恋愛で傷ついても、自分で浄化できるだけでなく、以前よりもぴかぴかのマインドにリセットすることができます。ちょうど「床に液体をこぼしてしまったけれど、拭き掃除をしてニスまでかけたら、以前よりずっとキレイな部屋になった」のと同じような状態です。

こうなれば、**恋を失うことなど、何も怖くなくなります。むしろ、失うことでさらに自分が輝ける絶好のチャンスにできるのです。たとえ誰かがあなたを傷つけようとしても、そのたびに美しく、輝ける存在に進化していけるようにさえなります。**

過去に対するこだわりがなくなることで、未来の恋愛に対して積極的になれるのも大きな変化です。また自分に対する自信を取り戻し、「私なんて」という感情もなくなります。その結果、あなたはどんどん魅力的になっていけるのです。


トレーニングを続けていると、理想の恋人や理想の生活がなかなか手に入らず、焦りを覚えることもあるでしょう。そんなときは、「今、私は愛する力のトレーニング中。よりよい未来を築くために、自主トレをしている最中なの。彼がなかなかできないのは、まだ私の目指すところまで愛する力が鍛えられていないだけ。私に魅力がないわけでは決してない。私の中のマリアスイッチは、もうオンになっている。日々、愛の力が強くなってきている」と、自分自身に声をかけてあげてください。

メンタルトレーニングを行うにあたって、こうした「セルフトーク」はとても大切。冷静に自己分析をして、ポジティブに捉えることで、マインドをよりよい状態に整えてくれるのです。「モテないわけではない。一分一秒をムダにすることなく、私は自分の愛する力を鍛えている。マリアスイッチによって愛する力が十分に高まったら、そのときは焦らなくても、私にぴったりの彼が現れ、その人は必ず私に恋をする」と、心のなかでつぶやいてみてください。

自己発電装置が起動した状態で、本気で自分の未来にワクワクすることができれば、あなたはとても魅力的な存在になっています。

心のどこかで「そんな人、現れるわけがない」「無理すると痛い目にあうぞ」といった声が聞こえてきたら、それは甘い誘惑をささやく昔の悪友のようなもの。「心配しなくて大丈夫よ。私は変わったの」と、その悪友にきっぱり宣言してください。

この「5W1H」のトレーニングをしていると、自分から先に記憶を創り込むことができ、未来をクリエイトしている状態になります。この状態で理想の相手に出会うと、その彼に「必要な私」として、相手の前に存在できるようになります。**偶然に「運命の相手に出会う」ので**

**はなく、自分こそが相手の運命の人として、その人の前に登場できるのです。**

「こういう人と出会って恋愛がしたい」と強く願っていれば、その存在が、目の前に立っていることに気づくはずです。

# 五日目

# マリアスイッチであなたの人生を輝かせましょう

## マリアスイッチを押して「恋愛無敵体質」に

いよいよ、最終日になりました。五日目はマリアスイッチを起動していく具体的なトレーニングをしていきたいと思います。

私がこの本を通じてお伝えしたいのは、いわゆる恋愛における「愛」だけではありません。これまであなたが意識してきた「頭で考える愛」ではなく、ただそこに存在するものを愛《め》でる、あなたの内側から溢れ出す「能動的な愛」です。あなたのそうした「愛する力」こそ、今まさに時代が求めているものなのです。

どんなに形を変えようと、どこで誰と何をしていようと、結局のところ、そのとき幸せかどうかは自分の心が決めること。愛を求めても愛を感じられる心がなければ、どんな愛もザルに入れられた水のように流れていってしまうものです。

だからといって、そうした自分への愛を求め続ける人を、私は否定するつもりはありません。生を受けた人間である限り、「愛されたい」「ずっと愛され続けたい」と願うことは、何も悪いことではありません。

また、恋愛を失くしたり恋愛から遠ざかったりすることで、「愛が失くなった」と嘆き悲しむ必要など、どこにもないのです。それによってあなたの価値が下がることは決してないのですから、どうか失恋とともに自らの自尊心を、傷つけたりしないで欲しいのです。

大切なのはあなたの心そのものです。それが誰かに受け入れてもらえないことがあったとしても、あなたに「愛する力」が備わっている限り、あなたの価値はしっかりと存在しているのです。

**マリアスイッチを入れて愛を創り出すことができれば、あなたは必ず、その愛で誰かを満たすことができるはずです。そして溢れ出る愛があなたを包む瞬間、この上なく満ち足りた想いになります。**それこそが、私のお伝えしたい「愛」なのです。

そうして生まれた愛の力はあなただけのものではなく、外側に溢れ出して、初めて本当の意味であなたのものになります。愛は奪い合うものでは決してなく、与え合い、分かち合うものなのです。

それではさっそく、あなたのマリアスイッチを一緒にオンにしていきましょう。

## 「好きになってもらえる恋」から「私が愛したいから愛する恋」へ

多くの女性が条件つきの愛を選びがちなのは、「～がなければ、恋人ができない」「～しなければプロポーズされない」と、恋愛や結婚を「しなければならない」have toこととして考えているから。こうした考え方は、「愛する力」を育む足かせになってしまいます。

様々な条件をつけて恋愛をしていると、その後で壁にぶつかったときに、必ず「こんなはずではなかったのに」と誰かや何かを恨み、責めてしまいがちです。逆に自分の内側から湧き上がる「こうしたい」wantの気持ちに従って行動すれば、たとえトラブルに遭遇しても、「好きでやったことだから」と自己責任として捉えることができます。そして、解決のために前向きに行動することができるのです。

同じ行動をしていても、その根っこがwant発進なのかhave to発進なのかで、結果はまるで違うものになっていきます。

例えば、交際相手が熱を出して寝込んでしまったとします。そんなとき、「ここでおかゆでも作って看病すれば、彼は結婚を意識してくれるかもしれない」という行動は、**have to**によるものです。そして、「結婚したいなら、彼に尽くさないと」という感情が生まれ、しまいには「おかゆをつくらなければ結婚できない」という気持ちにさえなっていきます。その結果、「結婚できない私」というイメージだけが、潜在意識に入りこんでしまうのです。

一方「彼に早く良くなってもらいたい。そのために、消化もよくて美味しいおかゆを作ってあげたい」と行動した場合、それは、作りたいから作った**want**のおかゆです。同じおかゆを作ったとしても、その行動が外的動機**have to**によるのか内的動機**want**によるのかで味はもちろん、彼に伝わる気持ちも、まったく違ったものになるのです。

結果としても「献身的に彼を看病するフリをする」のと、「心から良くなってもらいたくて看病をする」のとでは、雲泥の差があります。

もし彼と別れてしまっても、前者は「あんなに尽くしたのに、ひどい」と恨みつらみが残り、後者は「あんなに好きだったけれど、残念だな」と、本気で人を好きになれた自分を誇りに思う**「自尊感情」**が芽生えていきます。

この自尊感情が高まると根拠がなくても自分を信じることができるようになります。未来がどうなるかは誰も知り得ないことだからこそ、自分を信じる勇気を持てるかどうかで、あなたの明日は決まっていくのです。
あなたが**want**発進で彼を愛し、彼に尽くすことができたら、たとえ恋が終わっても「いっぱい愛した」「いっぱい泣いた」という、自らの能動的な想いが残ります。それゆえ失恋によって、自己肯定感が失われることはありません。そうした経験をステップにすることで、「次の恋に期待しよう」という、前向きな気持ちも生まれてきます。
**want**発進であることは、こう在らねばいけないといった**have to**から生まれる常識の罠から、あなたを自由にしてくれるのです。

## 迷いの状態を抜け出して、「運命の彼」への愛を充電しましょう

「交際相手がなかなかプロポーズをしてくれない」と悩んでいる女性は多いもの。彼のいない人よりも交際中のカップルのほうが、結婚に近いように思われがちですが、今「彼のいない女性」より「結婚したがらない彼がいる女性」のほうが、結婚へのハードルは高いといえます。むしろ、**彼がいない女性のほうが、結婚に近いくらいです。**

「今、彼がいない人」は、ただ単に結婚相手が見つかっていない、結婚したい相手がいないという状態です。一方、「彼がいるのに結婚に結びついていない人」は、二人の間に何らかのネ

ガティブな要因が介在しているかもしれません。お互いの潜在意識が、「この人は結婚相手ではない」と、結婚につながる行動を無意識に避けている可能性もあります。

この場合、あなたの中には「今の彼と結婚したい」のではなく、「結婚がしたいから今の彼と別れたくない」という思いがあるはずです。「別れたくない」というのは、「別れる」ことを常に強く意識していることの表れ。だからこそ、別れを否定し続けることになるのです。こうして、迷っている状態を長く続けることは、非常にマイナスです。例えばあなたが不毛な同棲生活を続けているならば、思い切って一人になって、愛する力を鍛える自主トレーニングに励んだほうが、ずっと幸せな未来に近づけます。

恋人と別れることはパワーがいりますし、とてもつらく寂しいものです。自ら別れを実行することに、なかなか踏ん切りがつかない人もいるでしょう。今あるものを手放すことは、とても勇気がいることです。「独りになりたくない」「彼に大きな不満があるわけでもないし」「こんなに長く付き合ってきたんだから」と別れない理由をリストアップしては、ずるずると付き合いを続けてしまう人も多いはずです。

しかし恋愛というのは、そもそも頭で考えてするものではなく、潜在意識でするものです。それゆえ別れることに、納得のできる理由など必要ないのです。彼と一緒に時間を過ごすうちに、「彼との未来が見えない」「何かが違う」などといった違和感を感じるのなら、その関係性にしがみつく必要はないのかもしれません。

メンタルトレーニングを行ってマリアスイッチを入れていくと、自らのとるべき道がわかり、外側の価値観や意見に振り回されることがなくなります。すると物理次元へのこだわりがなくなり、絆や愛といった、目に見えないものの価値が感じられるようになっていきます。

また「私はここにいる」という自分軸も確立されますから、**たとえこの先、交際相手を失っても、あなた自身を失うことはなくなります。**彼との別れにより、その瞬間は「愛する対象」を失ったとしても、「愛する力」は失われていないことを、自ら発見することができるはずです。

もちろん、これまで楽しい時を過ごしてきた相手を物理的に失うのは、それ相応の寂しさを伴います。けれどもあなたの中の愛は、決してなくなるわけではありません。一時的に、その愛を受け止めてくれる対象を失っただけです。その分、あなたの内側から溢れてくる愛情を、次の出会いのために溜めておけばいいのです。

すると**失恋は「つらい過去」ではなく、「未来の愛のための充電期間」に変わっていきます。**

## 「誰かのために何かをする」ことの喜び

人間は生まれつき、「利他的」な部分を持っています。「利他的」とは、自分の利益を顧みずに、他人に対して行動すること。「利己的」の反対を意味する言葉です。動物が仲間同士でエサを分かち合ったり、子どもを守るために親がおとりとなって危険を顧みずに行動したりといった現象は、自然界ではよく見られる行動です。「誰かの力になりたい」という感情は、私たちが生まれつき持っている、動物としての本能なのです。

誰かと何かを分かち合ったり、誰かのために行動したりすると、「いいことしたな」「よかったな」と、自分自身が満たされた気分になります。相手に何かを「give」した瞬間に、実は自分も何かを「take」しているからです。

内側から湧き上がる**want**によって利他的な行動をとると、生命エネルギーが湧き上がってきます。そして、内側から湧き起こる自らの愛で心が満たされ、毎日が輝き出します。これこそが、マリアスイッチの素晴らしいところ。そのような気持ちで24時間、365日いることはとても難しいかもしれません。けれども、一日のうちのわずかな時間でもそうした心の状態を創ることができれば、その積み重ねによって、毎日がとても豊かなものになるはずです。

慈悲や慈愛といった無償の気持ちは、どんな人の心のなかにも眠っています。誰かを助け、赦す心は、誰にでもあるのです。こうした想いを使わずにいるのは、とてももったいないこと。マリアスイッチをオンにすることで、その無限の力を感じることができるのです。

物理的な側面ばかりを見る競争社会に生きていると、「無償で何かをしたら自分が損をする」といった考えになりがちです。けれどもそうした損得や勝ち負けばかりを気にしていると、たとえ自分発進で何かをしても、心が見返りを期待する状態になってしまいます。そして「あんなに尽くしたのに、許せない！」という感情を抱いてしまうのです。「許す、許さない」という概念は、恋愛や人間関係を勝ち負けで捉えているからこそ抱いてしまうものなのです。

恋愛には、勝ちも負けもありません。あるとすれば自分との闘いであって、相手とではありません。そもそも恋愛は、自分自身のためにするものなのです。

理想的な恋愛関係を築くためには、誰かの「特別な存在」になる必要があります。いいかえれば、その相手に影響を与えていく人になる必要があるのです。影響を与える人とは、「他の人には持てない感情を持たせてくれる特別な人」を指します。

10代、20代のころは、スリルや楽しみをもたらしてくれる異性にひかれるものです。けれども歳を重ねるにつれ、一緒にいてリラックスできる人、その人の前なら素直に泣ける人、といった相手を求めるようになっていきます。あなたが心にブロックをせずに、**在るがままの自分にもどれる相手こそ、あなたの「運命の人」であり、あなたも彼にとっても「運命の人」にな**

**り得るのです。**

「彼の運命の人」になるには、「相手の求めているものを与えられる女性」になればよいのです。楽しい気持ちを分かち合いたい時はともに笑い、つらいときはその気持ちを共有し、リラックスしたいときにはともに沈黙をゆっくり楽しむ。相手がして欲しい、こうあって欲しい状況を創り出すことで、彼の特別な存在になれるのです。

**「その人の求めているものを与えることができる」という状態は、人間の「利他的でありたい」という本能を心地よく満たしてくれます。それぞれが相手の求めを察知し、相手の欲しいものを適切に与えることができる関係こそ、お互いに「なくてはならない存在」といえるのです。**

このお互いに「なくてはならない存在」になってはじめて、深い絆も生まれていきます。そうすることで「利己的」でありながらも「利他的」という状態になります。相手のために何かしたいと自分が思い実行することで、相手が喜び自分も満たされ、相手も満たされる……。相手を思いやることで、自分も満たされていくという、理想的な好循環が生まれるのです。これこそ、マリアスイッチの威力といえます。

限りなく本気で人と関わっていくと、自ずと「愛する力」が溢れ出し、出会う人ごとに「何かを与えてあげたい」と潜在意識が自然に動きはじめます。この境地は、「誰かに何かをされたから、お返しに優しくする」「この人は自分にとって大切だから、優しくしておこう」という条件つきの愛とまるで違う、別次元の愛なのです。これこそがマリアスイッチの威力であり、あなたの内部から湧き出る「ピュアな善の心」が相手に伝わり、相手の心を動かすことができるようになります。

日常生活の中で、ぜひこのことを意識してみてください。出会った相手を否定したり、ジャッジしたりすることなく、ただ受け入れる、ということに挑戦してみるのです。するとどんな人にもその人にしか持ち得ない存在価値が見え、その人と出会ったことに感謝を覚えるはずです。

これを意識して繰り返すうちに、誰かに出会った瞬間に愛を与えることができるようになります。同時に自分の内側も満たされ、さらに心が豊かになっていく、という幸せの循環が生まれます。

一期一会の出会いも、すべて感動的なものになっていきます。この利己的であり、なおかつ利他的な思いこそが、あなたの「自分を信じる勇気」を増幅させてくれるでしょう。そして「愛する力」を強化し、マリアスイッチの威力をよりパワフルなものにしてくれるのです。

## 「彼の運命の人」に自分からなるには

メンタルルームを訪れたクライアントのなかに、コツコツとキャリアを積み上げてきた、男性からもとても頼りにされているHさんという女性がいました。彼女はいつも恋愛が長続きせず、満たされない恋愛を繰り返していました。そんな自分を変えるため、「もっとコミュニケーションスキルをあげたい」と考えるようになったのです。

当時、彼女は34歳。ある素敵な男性と出会ったばかりでした。何度もデートを重ねるうちに、どんどん思いは募り、「この人と真剣にお付き合いしたい」と思うようになったのです。けれども彼からは、いっこうにアプローチされません。そこで意を決して、「私と付き合って欲しい」と告白しました。

彼の返事は、「まだHさんのことをよくわかってないし、今はまだ……。それにHさんも、僕のこと何も知らないでしょう」というものでした。「そもそも付き合うって何なんだろう。今は、そういう気分になれないんだ。Hさんがどうこうというわけではなくて、僕自身、恋愛に疲れてるというか……。上手く言えないけど、しばらくは付き合うとか考えられないかも」。

そこまではっきり言われたHさんは落ち込んでしまい、しばらく彼と距離をおくようにしました。けれど「自分がどうしたいのか」ということに立ちかえり、やはり、「彼のことが好き」「彼と一緒にいたい」と再確認したのです。「付き合うこと」や「結婚」を抜きにしても、Hさんは「彼とまた会いたい」と思ったのです。毅然と本音を言ってくれた彼の態度は、彼女のwantを再確認させ、さらに強くしたのです。

それからのHさんは以前よりも、本気で彼と向き合うようになりました。want発進で、彼女の自己発電装置が起動したのです。

Hさんは、彼と一緒にお花見に行ったり食事に行ったり、何度もデートを重ねてきました。けれども二人のこれまでの関係を振り返ってみると、彼はHさんの立てたデートの計画に乗り気になっているというよりも、優しさから彼女のプランに付き合ってくれていたのかもしれない、と気づいたのです。

「そういえば彼に一度、『休みの日は、居心地のいい場所でゆっくり過ごしたい』と、言われたことがありました。いろいろなところに行くよりも、お互いの部屋で過ごすデートのほうが、彼の好みだったのかもしれません」

それまでHさんは、デートを重ねても彼の心を動かすことはできませんでした。そこで彼の言葉をもとに、どうすれば彼の心を動かせるのか、実践することにしたのです。

彼はHさんより5歳年下です。そこで、年上の女性として、優しさや居心地のよさといった面を磨くように努力していきました。「会っているとき、彼にいかに居心地のよさを感じさせることができるか」を、大切にしていくことにしたのです。

まず私とHさんは、イメージトレーニングを行い、殺風景な彼女の部屋を「彼の訪ねたい空間」にすることをはじめました。

「それでは目を閉じて、自分のお部屋をイメージしてみてください。部屋を見わたしてみてください。どんな様子でしょうか？」

「モノトーンばかり。スッキリはしているけれど、なんだか無機質な感じです」

「では、好みのお部屋に変えていきましょうか。どんな居心地を求めていますか」

「彼がゆったりと落ち着けるような部屋にしたいです」

「どんな印象に変えたい？」

「家庭的な印象。温かみのあるような……」

「それは、どんな色？」

「オレンジとか、グリーンとかでしょうか」

「それでは、ソファに座ってみて。今、居心地のよさを感じている？」

「そうですね……あんまりですね。固い革のソファなんですが、もっと柔らかい布地のソファのほうがいいのかもしれない」

こうして彼女の潜在意識を呼び起こしていくうちに、モノトーンで無機質だった彼女の部屋は、すっかり生まれ変わりました。花や手触りのよいファブリックが配置された、柔らかな空間に変わったのです。

それと同時に、服装にも変化が現れました。白や黒、グレーのスーツばかり着ていたHさんが、パステルカラーのシフォンブラウスを手にとるようになったのです。パフスリーブや飾りの付いたパンプスなど、「柔らかくて女性らしい」イメージのファッションに身を包むようになりました。メイクもピンクがベースになり、すっかり柔らかい雰囲気のオーラをまとう女性になったのです。

それから5ヵ月。ついにHさんは、彼と付き合うことになりました。さらに1ヵ月後、彼からプロポーズされたのです。

「しばらくは付き合いたくない」という彼の言葉に、Hさんが正面から向きあえたのは、彼女のwantが潜在意識の自己発電装置を稼動させ、マリアスイッチが入ったからです。そのためクールだった彼の反応にもくじけることなく、彼との未来をイマジネーションし続けることができたのです。

彼に過去の「恋愛に対するネガティブイメージ」を一掃させ、いま現在の居心地のよさを与え続け、未来の時間空間を共にイメージしていくことで、ビジョンを共有させることができたのです。自らのマリアスイッチを押し、これまでの恋愛経験に囚われず、「これから先の二人の在りたいイメージ」を明確に持ち続けたHさん。その結果、「二人で過ごす未来記憶」を、自分と彼の潜在意識に定着させることができたのです。

出会った瞬間に運命を感じる、ということは実際に起こります。けれども、肝心な相手がそう感じていなければ、そのチャンスを摑むことはできません。運命の人には、自分からなる必要があるのです。Hさんは、「運命の人に自分でなる」ことを、見事になしとげました。

こうした彼女の変化は、「結婚しなければ」という動機からきたものではありません。**「彼の特別な人になりたい」「彼をもっと居心地よくさせたい」という強いwantの気持ちが、彼女を根本から変えたのです。**そのため、無意識に彼に「与えること」を自ずとはじめました。マリアスイッチを入れた状態で、彼にこれまで味わったことのない極上の居心地のよさを与え続け、彼の「快」の感情を引き出すことに成功したのです。

その結果、「彼女といると居心地がいい」「彼女とずっと一緒にいたい」「彼女がいない人生は考えられない」「彼女と結婚したらきっと幸せになれる」と、彼の潜在意識に刻み込むことができました。

「愛する力」の原動力となるのは、「愛したい」という人間の本能です。この本能が目覚めると、潜在意識が動き始め、マリアスイッチはオンになります。そして自然に、彼の望む行動をとるようになるのです。

自らのイメージと二人で過ごす空間を整え、「あなたと一緒にいたい」「あなたを知りたい」「あなたを快適にしたい」というメッセージを伝え続けたHさん。今この瞬間だけでなく、過去もそして未来の記憶も共有させることができました。

それまでHさんが持っていた「これまで、振られたことなどなかったのに」といったプライドは、「この人と一緒にいたい」という強いwantで、すっかり消えて失くなりました。そしてマリアスイッチがオンになると、相手を自分以上に大切に思う瞬間がやってきます。Hさんにもこうした現象が起こり、周囲にも自分にも格好をつけることなく、ひたすら「自分がそうしたいから」彼に尽くしたのです。「彼と結婚したい」という明確なビジョンが見つかったとたん、彼の運命の人になるためにすべきことが自然とわかっていきました。

もしあなたがまだ、「運命の人になりたい」と思える人に出会っていなくても、同じトレーニングを行うことができます。これはマリアスイッチを入れるトレーニングにもなります。

イマジネーションの限界が人間の能力の限界である、と以前述べましたが、トレーニングによって能力の可能性は拡がり、「未来を創る」ことが可能になります。これまでや現実がどうであれ、大切なのはあなたがどうなりたいか、ということ。今後「どんな人と出会いたいのか」「彼とどうなりたいのか」をしっかりとイメージして、準備しておけばいいのです。

すると、あなたの中にすでに在るマリアスイッチがオンになり、彼と自分をひとつ上の心の視点から受けとめることができ、過去も未来も現在もすべて、あなたのイマジネーションによって塗り替えられるようになります。

まるで飛んでくるボールの軌道をしっかりとイメージし、絶妙の間合いでキャッチできるように、彼との運命をつかみ取ることが可能になるのです。

## 理想のデートを実現させる「メンタルリハーサル」

あなたはデートに出かける前に、どのような準備をするでしょうか。

自分が最も輝く服を着て、念入りにメイクをして、彼の目に一番可愛らしく映るように心を砕くことでしょう。

デートを成功させ、未来につなげていくためには、このような外見の準備だけでは足りません。外見と同時に、心を磨いておく必要があるのです。彼と会う前に、ぜひデートのイメージトレーニングを行ってから出かけてください。

デートに対する心の準備とは、「メンタルリハーサル」と呼ぶべきものです。このときイメージするのは、「彼と今日、どこにいって何をするのか」といった具体的なプランニングではありません。

人は誰でも、目先の出来事や物事に惑わされがちです。デートも「何をした」「どこへ行った」「どんなものを食べた」といったことばかりを気にして、肝心な「彼と自分の心」に目を向けることを忘れています。

重要なのはそういった物理的なことではなく、目に見えないものです。つまり、「彼と私の感情」を重視するということです。

デートの前に、「彼に今日、どんな気持ちを伝えたいのか」そして「彼にどんな想いを与えたいのか」ということを、しっかりとイメージしてください。そして最後に、「彼にどんな気持ちで帰ってもらいたいか」を、強くイメージします。

例えば、「今日一緒にいて楽しかった、また会いたい」「久しぶりにたくさん笑ったな」「明日から、また頑張れそう」など、あなたと過ごした時間を、彼にどのように感じてもらいたいのかを、具体的にイメージしておくのです。

彼と一緒に過ごす時間は、直接会ってお互いの情報交換をする大切な機会です。相手はどんな人か、離れている間にどんな感情を抱いていたのか……。会っている時にお互いが不在だった時間を、チューニングしていくのです。

一緒にいる間、最も重要なのは、彼の**「情動記憶」**を創ることです。「情動記憶」とは、強い感情をともなう記憶を指します。感動や恐怖を覚えた出来事は、なかなか忘れられず、日常的に思い出されるものです。これが「情動記憶」です。

デート中は、彼の情動記憶に入るような未来のイメージをたくさん創っておく絶好のチャンス。デートは「一緒にいる時間そのもの」が大切なのではありません。むしろ逆で、会っているときに彼の情動記憶に入り、**「会えない時間にどれだけ彼があなたのことを思うのか」**を決定づける重要な時間なのです。

彼にとってのあなたの重要度は、**「一緒にいないときのあなたの存在感」**によって決まります。存在感を強めるためには、会っているときの時間を充実させ、離れているときに「早くまた会いたいな」と感じさせることが大切です。彼と一緒にいなくても、彼に影響を与え続ける存在を目指すのです。

このような気持ちを彼に抱かせるためには、外見のお洒落だけでは足りません。デートの前に、「今日、彼と会うのは未来の彼の記憶に存在する彼女になるため」と、強くイメージをしてみましょう。

このような心構えで臨むと、**デートは「彼を試す機会」でも、「彼に試される機会」でもなくなります。デートの内容そのものではなく、一緒に共有した時間と感情を重視するようになるからです。**

重視すべきなのは、「相手が何をしてくれたのか」「どれくらい愛を感じさせてくれたのか」

ではなく、「あなたが何をするのか」「あなたがどれだけ彼を愛することができるか」ということ。マリアスイッチを入れて湧き上がる「愛する力」を意識し、感じることで、あなたの生き甲斐や心の豊かさが育っていきます。彼に会えば会うほどその力が発揮されて愛が溢れ出すため、あなた自身の気持ちが満たされ、同時にその愛の力で彼のことも満たすことができるのです。

人生を豊かにする恋愛とは、自らを試す愛。あなたの愛を試し、愛する力を鍛えてくれるものなのです。これを実践することができれば、「彼の気持ちがわからない」「愛されていないかも」といった不安は一掃されていきます。どんな局面においても、彼を変えようとするのではなく、自分が変わろうと試みるようになるからです。

**自分を試す愛を実践していけば、「愛する力」と同時に、未来を切り開く心の武器を磨くことにもなるのです。**

## 相手を丸ごと受け入れて「彼の特別な女性」に

男性と特別な関係になりたい、と思うと、多くの女性は「私のことをもっと知ってもらいたい」「アピールしたい」と思ってしまうものです。そこで意中の彼とのデート中も、「私はこんなことが好き」「これまでこんなことをしてきた」「料理や語学が得意」などと、〝自分アピール〟をしてしまいます。

けれども自分の話ばかりしていては、相手を退屈させるだけ。それよりも、彼に「一緒にいて楽しい」と思わせる、充実した時間を共有することが大切です。自分と向き合って〝私アピール〟をする代わりに、あなたの心で相手の心と向き合うことに意識を使うのです。

デート中はマリアスイッチを入れて、日常とは違う意識の使い方をする必要があります。**マリアスイッチは、好きな相手といるときにこそ、最も入りやすい状態になるのです。それは、その人といることが、あなたにとっての最大の「ｗａｎｔ」であるからです。まずはデートしている時間を、「１２０％相手のための時間」と捉えることからはじめてください。**

これは、自分を押し殺して相手に合わせるということではなく、「自分と過ごす時間を、彼に楽しんでもらいたい」というイメージを持つという意味です。このイメージこそ、マリアスイッチの稼動を助けてくれます。

相手に興味があれば、「もっと彼を知りたい」と望むのは当然のことです。そして彼が心地よく心を開いてくれれば、こちらも幸せな気持ちになれるはずです。そのようにして彼の話を聞くことができれば、彼の言葉そのものに加え、彼の感情や心の温度が感じ取れるようになります。すると、彼の心の周波数が把握できるようになります。マリアスイッチを押した状態で、その彼の心の周波数に、自分の心の周波数を合わせていけばいいのです。

メンタルトレーニングをする際のセッションでは、この**「相手と心の周波数を合わせる」**という作業が必要不可欠です。そうして相手の心を開き、潜在意識の声を聴いていくのです。

私自身、トレーニングにおいてクライアント（カウンセリングを受ける人）とセッションを行う際には、相手の言葉を否定的に捉えたり、拒絶したりすることはありません。マリアスイッチを入れたまま相手と接することで、視点や自我による囚われがなくなるため、相手を多面的に捉えることができる状態になっているからです。

私の感情や考え方を「無」にし、相手の周波数に合わせてセッションを行うと、拒絶や否定といった感情はいっさい生まれてきません。そのため、相手の話に何の抵抗もなく共感し、「在りのまま」の相手を受け止めることができるのです。

あなたに目指していただきたいのは、このセッション中のような心の状態。相手がどんな意見を言っても、どのような行動をとっても、すべて受け入れて赦せていく心の状態です。

普段私たちは、無意識に自分の価値観を物差しにして、様々なものをジャッジしています。デート中も同じで、会話をすれば「この人の言っていることは違うんじゃないか」、食事に行けば「デートなのにこんなお店を選ぶなんて」などと線引きをして、「この人とは気が合わない」と付き合いそのものを遠ざけてしまうことも多いのです。

例えば、ちょっといいなと思う男性とデートしたとしましょう。食事しながら仕事の話をしていて、相手にカチンとくるようなことを言われた、と想像してみてください。どんなに気に入っている相手でも、話をするうちに「えっ、それは違う」と思うことはあるはずです。

そんなときにマリアスイッチを入れて、二人の状況を客観的に見ることができれば、「なるほど、彼はそういった価値観で私を捉えているんだな」と思うことができます。すると、「なぜそう思うのだろう」「こういった場合はどうかな」と、好奇心とともに相手の価値観をさらに知りたくなります。

**マリアスイッチを入れると、自分自身の情動や自分中心の考え方がコントロールでき、感情の波にのまれないようになります。理屈や概念による囚われがなくなり、相手の感情そのものを感じることができるのです。**自分自身を「無」にすることで優位になるのは、自らの感性による「感じ方」。マリアスイッチをオンにしておくと、頭で考える理屈や概念ではなく、心で感じることができるようになっていきます。

自分の価値観で相手をジャッジするのではなく、相手に周波数を合わせて相手の心を感じていくようにすれば、どんな人でも受け入れられるようになります。そして、多くの人々の中から、自分が最も「愛したい」と思う人をあなたがセレクトすればよいのです。

大切なのは、「自分の感情を抑えよう」「自分の本音は見ないようにしよう」としないこと。

そうではなく、マリアスイッチを入れることで自分の視点を上げて生身の感情とは別の次元で、相手の心を感じていくのです。そのためには、あなた自身のメンタルブロックを外していくことが必要になります。

日常の低い心の視点のままでメンタルブロックを外すことは、恐怖心を伴うものです。自分の心のコントロールをなくしそうで怖い、というのがその理由です。こうした恐怖心をなくすためには、マリアスイッチをオンにして、「相手に向かい合っている自分の上に、もう一人の自分がいる。そしてあなたの感情の動きや行動を、客観的に見ている」というイメージを持つことが有効です。

たとえるならば、透明人間になったあなたが、自分と相手を俯瞰している状態。その「ひとつ上の視点」の自分が、あなたのことも相手のことも、公正な視点で眺めているとイメージしてください。

こうした状態を瞬時に創り出すことができるのが、まさにマリアスイッチの効力と言えます。マリアスイッチが入ると、自分の感情に流されることなく、自分自身や相手のことを客観的に捉えることができます。すると、在りのままの自分を相手にさらけ出しても、「自分自身のガードがなくなってしまう」という恐怖心を感じなくなります。

手放しで相手を受け入れることは、慣れてしまえば、とても心地がよいものです。相手の言動にいちいち感情が波立つこともなく、振り回されることもないからです。「そういう考え方もあるんだ」「なるほど、そういう行動をとるのか」と、様々な発見をすることにもつながり、さらに人生を豊かにしてくれるのです。

## 心地よい世界から潜在意識のなかへ

デート中に一番大切なのは、彼の「快」の感情を引き出すことです。これは、「楽しい」「充実している」「心地よい」「落ち着く」といった潜在意識が感じるさらに深い感情です。このように彼が感じてくれたとすれば、あなたと会えない時間にも、彼はあなたのことを無意識に思い出すようになります。

では具体的に、どのようにしたらいいのか見ていきましょう。

相手を心地よくさせるためには、その人が「心地よいと思うこと」を知る必要があります。そのためにまず、楽しい思い出や懐かしい場所など、彼の心の中にある「快」の記憶を探ってみましょう。

探った結果、彼がスペイン好きで、かつて訪れた際の思い出を大切にしているとわかったとします。そうであれば、スペインの食事や街の雰囲気、文化、訪れた時のエピソードなど、スペインの話をたくさんしてもらうようにします。「それ、すごく美味しそう、どんな味がするの?」「そんな雰囲気なんだ。楽しそうだね」と、彼の〝スペインへの思い〟を共有していくのです。

最終的な狙いは、「今度は一緒に行きたいな」と、彼に思わせること。ただし、「私も行きたい!」「今度連れて行って」といったアピールは必要ありません。大切なのは、彼のなかの**want**が稼動し、彼自身がイマジネーションを働かせることです。「将来あなたと一緒にいたい」という感情を、彼に抱かせることが大切なのです。

あなたの一番の目的は、彼と一緒に、物理的にどこかに行くことではありません。**彼と心地よいイメージを共有して、その潜在意識の中に入り込むことなのです。**

最終目的は、「彼の脳内スペイン」に、あなたがいるイメージを持たせること。そのためには、彼の思い出のなかにある視覚、聴覚などの五感を具体的に蘇らせていくことも有効です。「ホテルの窓からは、どんな景色が見えたの?」「一番感動した景色はどんなもの?」といった視覚、「スペイン語の響きってどんな感じなの?」「市場は賑わっていた?」といった聴覚、お料理の匂いや風の香り、宿泊したホテルのベッドの感触など、彼の五感を通じて「楽しかったスペインの情景」に触れていくのです。

あくまでも彼のペースに合わせて、ゆっくりと思い出させてあげることがポイント。矢継ぎ早に質問をしてしまうと、まるで「取り調べ状態」になり、相手をひかせてしまいます。目的は答えを得ることではなく、相手の脳内ビジュアルにあなたが入ることなのです。

段階を追って思い出を引き出し、相手の感じている「心地よい世界」に、周波数を合わせる気持ちで行ってみてください。彼の話を聞きながら、実際にその景色や味、香りを想像して、五感を総動員させていくのです。

五感を使って思い出を共有していくと、彼に「あの場所に、彼女と一緒にいたらどうなるだろう」と想像させ、「きっと楽しいだろうな」と認識させることができます。このような作業を繰り返すうちに、彼の潜在意識のなかに、あなたの存在がくっきりと刻まれていきます。

彼の心地よい場所を見つけて、そこに入り込むことがあなたの存在を強めるポイント。彼の思い出の場所や懐かしく思う場所を、一緒に訪れるのもいいでしょう。過去の楽しい思い出の中に、あなたの存在をプラスしていくのです。

実際にその場所を訪れることはできなくても、「子どものとき、どんな遊びが好きだった？」「どんな街で育ったの？　どんな場所が好きだった？」と、過去の楽しい記憶を呼び起こすことはできます。そして「私も隠れん坊、大好きだった」「私の街にもそういう場所があったな」と、思い出を共有し、彼の感情と同化していくのです。

すると彼は無意識かつ無自覚に、いつのまにかあなたを心の中に住まわせるようになります。

## 「受け入れて赦す力」を発揮する実践レッスン

彼が悩んでいるときも、相手の潜在意識に働きかける好機です。そんなケースではどのようにしたらよいのか、実践的に見ていきましょう。

例えば、彼が「会社を辞めたい」と悩んでいたとします。こんなとき多くの人は、自分の価値観で、「もう少し頑張ってみたら」「それなら、辞めて別を探したら?」などと返してしまいがちです。

「こうしたほうがいい」という言い方は、どんなアドバイスであっても、あなたの主観から生まれます。そうした価値判断はとりあえず置いておいて、相手に押しつけないようにしていくことが大切です。

彼はこのとき、会社を辞めるのか辞めないのか、迷って揺れている状態です。そんなときに、「辞めたら?」「もっと頑張るべき」と、あなたの価値観を押しつけられては、ただ違和感を覚えてしまうだけかもしれません。

こんなときは「私でよければ、話を聞かせて」と、彼の気持ちを受け入れてあげるのです。

「辞めたいけど辞められない」という彼の気持ちを丸ごと受け入れた上で、それを言葉にします。

こうした場合、彼の真意が「辞めたい」「本当は辞めたくない」のどちらであろうと、さほど問題ではありません。大切なのはあなたに話すことで、彼の気持ちが整理できるかどうかです。

あなたに必要なのはマリアスイッチを入れて、彼の未来を信じながらその言葉に耳を傾けていくことです。そして言語化はされていなくとも確実に存在している、彼が潜在的に持っている勇気や心の力強さ、生命力、良心といった「善」の部分を、あなた自身が信じて、受け止めていくことが大切。彼を丸ごと受け止めるという、そうした信じる勇気が、相手への赦しにつながっていきます。

相手が忙しくて、なかなか会えない場合なども同じです。無理して寂しさを隠す必要はありませんが、同時に忙しい彼のことも受け入れていくのです。

忙しいということは、仕事をたくさん任されていて、有能であるとも捉えられます。「何でぜんぜん会えないの」「メールくらいちょっとの時間でできるじゃない」などと責めるのではなく、「やっとチャンスがやってきたね」「すごい仕事が入ってきたね」と、彼の状況を認めてあげるのです。すると特にアピールしなくても、「彼女も寂しいだろうに、僕のことを気遣ってくれている」と、あなたの存在をより強く感じていくのです。そのうえで「いい結果が出るといいね」と励ませば、彼はあなたのためにも頑張ろう、と思うようになります。

これは彼の未来のビジョンをあなたが創り出し、彼と一緒にそのビジョンを共有することにつながります。こうした言葉は、彼に愛されたいがゆえの打算ではありません。心から生まれ出る言葉なのです。

マリアスイッチを押した状態で、相手のことを本気で愛すると、自分と彼との境目がなくなっていきます。彼の苦しみは自分の苦しみ、彼の幸せは自分の幸せになっていくのです。するとますます、相手の心になって物事を感じたり、考えたりできるようになります。こうした力は、人間なら誰もが持っている「愛する力」の一端、共感する力なのです。

理想は「すべてを赦して受け入れる」ことですが、そうした聖母マリアのような状態に24時間、365日、100％なることは、非常に難しいことです。実践するのは、あくまでも「自分がしたい、受け入れたい」という、人間だけが持つ利己的で利他的な愛です。まずはあなたが心地よいと思える範囲で、「受け入れて奉仕する」ことを、ぜひ取り入れてみてください。

すると、マリアスイッチが自然に入るようになっていきます。

彼を受け入れると同時に、あなたが受け取った感動や愛を、彼に伝えることもとても重要です。

そのためには、彼に視覚的な情報をまずは与えていきます。心からの笑顔や、彼を和ませる柔らかな仕草などを、出し惜しみせずに表現してください。

ただし無理をして、自分の中にないものをあるように見せようとすることは禁物です。あくまでhave toではなく、wantからくる行動だけを実行していきます。

こうしてwantを大切にして「愛する力」を鍛えていくと、相手を受け入れる愛が能動的に実践できるようになります。マリアスイッチがオンになり、「自分が奉仕したいからする」といった、無償の愛が内側から溢れてくるのです。そして彼に愛されるのではなく、自分が愛したいから彼を愛するようになっていきます。

マリアスイッチにより生み出されるこうした愛は、相手の心を動かす力を持っています。アスリートやアーティストのパフォーマンスと同じように、触れた人の心を感動させることができます。そうして彼があなたを「特別な存在」と認識するようになっていくのです。

## 人を愛する喜びがあなたの人生を豊かにします

２０１２年度版「子ども・子育て白書」によると、50歳時点で一度も結婚したことのない人の割合である「生涯未婚率」が、初めて男性が2割台、女性が1割台に達したようです。

［ 生涯未婚率の年次推移 ］

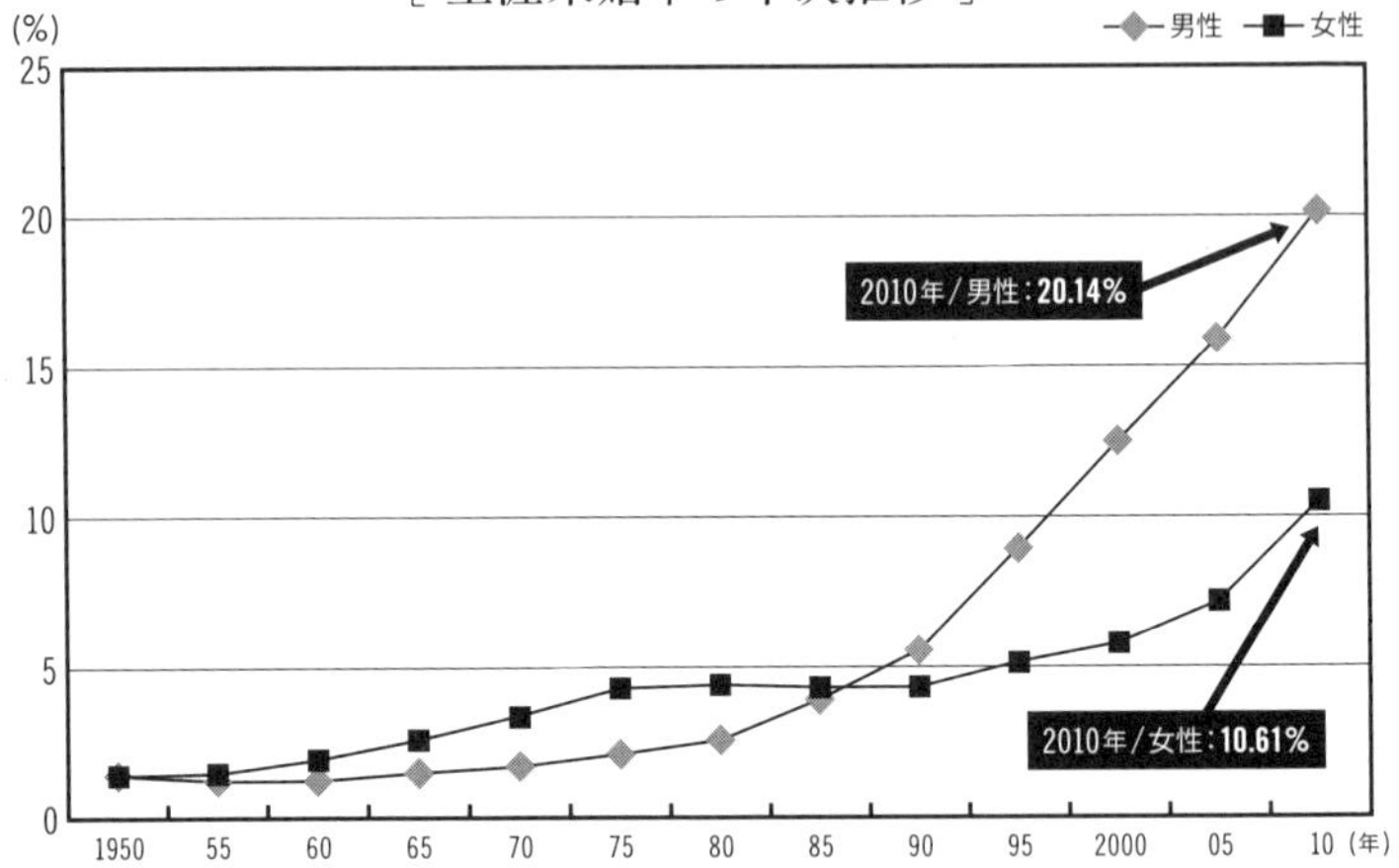


資料：国立社会保障・人口問題研究所「人口統計資料集（2012年版）」
注：生涯未婚率は、45〜49歳と50〜54歳未婚率の平均値であり、50歳時の未婚率。

30年前に比べると男性が8倍、女性も2倍以上に増えた計算です。1割以上の女性が未婚のまま50歳を迎えるというのが、現代日本の現実なのです。

結婚は幸せな未来を約束するものではありませんが、未婚女性の多くが「出会いがない」「なかなか好きな人ができない」「恋愛が上手くいかない」といった悩みを抱えています。

これまで行ってきたメンタルトレーニングを通じて、あなたには「約90％以上の眠っている能力」があることを、もうすでに何らかの形で実感できているはずです。過去と現在がすべてだという概念も消え去り、あなただけの未来に生きていく準備が整ったのです。

今、あなたはまだそのスタート地点に立っ

たばかり。自分の内側にある「人を愛する」「受け入れる」「赦す」といった無限の力を生むマリアスイッチの存在を、知りはじめたばかりです。本書を実践することでマリアスイッチを入れることができるようになれば、あなたの人生は見違えるように変わっていくでしょう。

マリアスイッチを入れれば、「愛する力」は、無限に湧き出てきます。そして**その力は、筋力や体力と違って、時とともに衰えることがありません。一生、使い続けることができる無限の力なのです。**

人生とは、なかなか思い通りにはいかないものです。けれども「どうせ上手くいかない」と思うのと、「きっと上手くいく」と信じるのとでは、まるで違う未来が展開されるのです。

目指すのは、マリアスイッチを入れることで、自分の人生に起きるすべてのことを受け入れ、微笑むことができるようになること。恋をした相手に傷つけられたら、人は相手を傷つけて「仕返しをしたい」と思うものです。けれども「愛する力」を鍛えることで、その相手の罪や悪事をまるごと赦し、受け入れることができるようになります。すると、彼との出会いそのものを、痛手でも傷でもなく、「自分の成長への糧」になったとプラス思考で捉えることができます。

人と人とが出会う意味が、そこで初めて生まれてくるのです。

「愛する力」がもたらすものは、恋愛だけに限りません。仕事でもプライベートでも、私たちは様々な人と出会い、言葉を交わしていきます。出会う人は選べないのが現実ですが、しっかりとした自分軸を持ち、相手を受け入れて赦す「愛する力」を生むマリアスイッチさえあれば、あなたは無敵です。どんな人と出会っても、その出会いがあなたの「愛する力」へのパワーの源になっていくからです。

「愛する力」を鍛える前は、マリアスイッチに触れることもなく、「恋愛」というリングに上がっていない人もいたでしょう。ただショーウインドーのなかに入って、「私を高く買ってください」と待っているだけの人や、ウインドーのなかから、「この人は恋愛対象外」「結婚相手にはならない」と、男性たちを選別していた人もいたかもしれません。

5日間の授業を経て、あなたはマリアスイッチという心の武器を知り、恋愛のリングに上がる準備が整いました。これから試されるのは、恋の相手ではなくあなた自身です。あなたが闘うべきは、あなた自身のこれまでの価値観やメンタルブロックです。あなたはあなた自身の心を磨くことで、理想の愛を手に入れていくのです。自分以外の何かに振りまわされず、自分軸で、恋人も結婚相手も、そして在りたい自分の人生も見いだすことができるようになります。

あなたにとっての理想の愛のカタチを創り出し、在るがままの自分の望む愛を摑めるようになるのが、マリアスイッチの効能です。

私は、人というものは生まれながらにして、幸せの答えをすでに自分のなかに持っていると信じています。あなたもぜひ、自分自身の内に眠る潜在能力を信じて、それに従ってみてください。

さあ、あなたのマリアスイッチをオンにして「武器としての愛する力」とともに、勇ましく「あなただけの未来」を創りだしていきましょう。

# エピローグ

メンタルトレーナーの仕事を始める少し前に、私は人生最大のピンチ「火事」を経験しました。突然の出来事によって、私の人生は激変しました。

その日は休日で、私は昼食を終えてゆったりと自宅で、地方での仕事のための準備をしていました。するといつになく近所の人たちが大声で騒いでいるので、なんとなくベランダに出てみると、子供たちが、「上、上!」と私の頭上を指さすのです。

慌てて下に降りてみると、ちょうど私の部屋の2つ上の階の部屋から真っ黒な煙が出ていました。一瞬の間に燃え広がる炎を目の当たりにして、呆然と動けなくなったのを今でもはっきりと覚えています。消防隊の必死の消火作業によって、やがて炎はおさまりましたが、住みなれたマンションは無惨にも、ズブ濡れの雑巾のような有り様になりました。

非常階段を上がり、おそるおそる自分の部屋に戻ってみたところ、立ちこめる悪臭とともに、部屋一面、悲惨な姿に変貌していました。まるで悪夢を見ているような心持ちで、私は部屋の中で独り、立ち尽くしてしまいました。言葉は出てきませんでした。どのくらいの時間が過ぎていたのでしょうか。

やがて消防隊員がやってきて、「今夜はここから避難してください。危ないですから、どこか別の場所へ移動してください」と言われました。その言葉にハッと我に返ると、窓から見える空はいつの間にかすっかり暗くなっていました。「えっ。どこに行ったら……?」「親戚の方はいらっしゃいませんか? とにかく避難をお願いします」。行くあてもなかった私は、近くのホテルに避難しました。ホテルの部屋に入り、鏡に映った煤だらけの顔を見て、私は現実を知りました。鏡のなかには、突如「被災者」となった自分の姿がありました。体は洗えば元に戻ります。けれど「心」はそう簡単にはいきませんでした。

その日を境に、私の生活は一変しました。

見覚えのないホテルの部屋の天井に驚いては目を覚まし、「自宅に行かなくちゃ」という無意識の衝動に駆られ、また大切なモノを探しに、焼けてボロボロになった自分の部屋に戻る日々が続いたのです。私はしばらく、ガラクタの中から大事なモノを見つけ出す毎日を送りました。無駄なことだと「頭ではわかっていても、心が言うことを聞かない」。まさにそんな感じでした。

そうした日々のなかで、私はふと気づいたのです。自分がその部屋で探していたのは、「モノ」ではなく、「想い」なのだということを。火事によって私が置き去りにしてきたのは、自分の「心」だったのです。火事にあった私は何の心の準備もないまま、大好きだったその部屋、自分にとっての宝物……、全ての環境から突如追いやられてしまったという現実を、頭で理解しようと努力していたのです。けれど、心がそれを受け入れられず、何より認めたくなかったのだと思います。

そのとき私は知りました。

「人間の行動の全ては、心が支配しているのだ」ということを。私は二度と戻らないものを、その部屋に求め続けていた。だから苦しかったのです。

あらためて心に意識を向けたとき、その部屋で過ごした、たくさんの想いが湧き上がってきました。私はこの想いを探し求めていたのだ。そう感じた瞬間、目の前の無惨な光景は何も変わらないのに、不思議なほどに胸が熱くなり、温かい涙があふれてきました。そして火事が起こってからはじめて、私は声をあげて泣きました。私はそのとき、見失っていた心を取り戻せたのだと思います。

モノがなくなってぽっかり空くのは、人の心でした。

私はその日まで心の居場所を失っていたのです。人生の究極のとき、何より重要なのは心なのです。何もなくても心さえ在れば、人生は輝きはじめます。

どんなに集めても、どんなに積み上げても、物質的なモノは人間も含めて瞬時に、無情にも消えてなくなるのだということを、私たちは東日本大震災で身をもって知りました。目の前に当たり前にあったモノを失ってはじめて、私たちは物事の本質や、本当に大切にすべき何かを知るのかもしれません。

私が現職である心理カウンセリングの世界に引き寄せられたのも、火事にあって、心の重要性を思い知ったからです。

「人間の本質である心というものと、真っ向から向き合いたい。それを自分のライフワークとして、多くの人の心に伝えていきたい」。そう決めました。

それからは何の迷いもなく、心から溢れ出てくる想いのまま、多くの心と向きあってきました。

どんな逆境においても自分の心、意識さえ明確であれば人は生き直せる。人間は、

0やマイナスからだってスタートできるのです。

心理カウンセリングの世界に足を踏み入れたとき、私は心理学の専門知識など持ってはいませんでした。ただ強烈に持っていたものは、「人間にとって心がいかほどの力を持つものか。人間が潜在的に持つ心の力を、すべてが終わると思ったそのときにこそ信じていてほしい」という想いだけでした。何もなくてもその想いがあったからこそ、私はこうしてこのメンタルトレーナーの仕事に導かれたのだと思います。

心の在り方が、自らの人生を変えていきます。

「環境が変わった。さぁどうするか？」

私たちはいつも人生から、そう問われている気がしてなりません。何も信じられなくなったとき、あなたに残されたたったひとつの真実は、「あなたという存在がただそこに在る」ということです。

あなたは、自らのなかに潜在意識に眠る「マリアスイッチ」という無敵の力をすでに持っています。そしてあなた自身の「愛する力」が、あなたの存在を確かなものにしてくれるのです。

この本でお伝えしてきた、あなたに無限の愛する力を与えてくれる「マリアスイッチ」を、あなたの人生で大いに活かしていただけることを願っています。

2012年7月　久瑠あさ美

心が在るからあなたは存在しています。
そして、あなたが存在するから、
目の前の相手も存在するのです。

あなたの存在がなければ、
あなたの外側の世界に在るすべてのものが、
存在することは決してありません。

だからこそあなたの人生は、
あなたの「存在」によって創られ、
あなたの「心の在り方」次第で、
この先の未来は必ずや変えていけるのです。
あなたの中に在るマリアスイッチは、
「愛する力」を無限に引き出してくれます。

その力であなたは誰を愛しますか。
その愛を誰に与えていきますか。

そしてあなたは知るでしょう。
愛することで満たされていくのは、
他でもない自分自身なのだということを。

愛の連鎖に終わりはありません。
たった一人の人に注ぐ愛も、
家族や友人に注ぐ愛も、
そして、世界中すべての存在に注ぐ愛であっても……。

マリアスイッチを入れることで、
あなたの「愛する力」は、今、動き始めるのです。

# 久瑠あさ美　Asami Kuru

メンタルトレーナー。「ff Mental Room」（フォルテッシモメンタルルーム）代表。精神科・心療内科の心理カウンセラーとしての勤務を経て独立。メジャーリーグ・シアトルマリナーズの川﨑宗則、女子プロゴルファー金田久美子などトップアスリートや企業経営者、ビジネスパーソン、広く一般向けにも個人メンタルトレーニングや心理カウンセリングを行い、多くのクライアントから絶大な信頼を寄せられている。企業のストレスケアマネージメントやメンタルヘルスアドバイザーも務める。また、メイクアップ・セラピー、幼児教育・表現力開発などの活動も行っている。日本芸術療法学会会員。日本産業カウンセリング学会会員。著書に『一流の勝負力』（宝島社）、『人生は、「本当にやりたいこと」だけやれば、必ずうまくいく』（幻冬舎）、『人生が劇的に変わるマインドの法則』（日本文芸社）、『ジョハリの窓』（朝日出版社）などがある。テレビ、ラジオにも多数出演し、女性誌でも注目を集めている。

◇ff Mental Room　公式HP
http://ffmental.net/

◇久瑠あさ美のメンタル・ブログ
http://blog.livedoor.jp/kuruasami/

◇久瑠あさ美ツイッター
https://twitter.com/kuruasami

◇久瑠あさ美の無料メールマガジン
p-kuruasami@b.bme.jp

# 「マリアスイッチ」で
# 愛《あい》する力《ちから》が動《うご》き出《だ》す

2012年7月18日　第1刷発行

著者：久瑠《くる》あさ美《み》

発行者：持田克己
発行所：株式会社講談社
〒112-8001
東京都文京区音羽2-12-21
出版部☎03-5395-3474
販売部☎03-5395-3606
業務部☎03-5395-3615

印刷所：凸版印刷株式会社
製本所：株式会社国宝社


ISBN978-4-06-217734-4

---

装丁・本文デザイン：鈴木大輔（ソウルデザイン）
イラスト：山本重也
写真：伊藤泰寛
ヘアメイク：越智めぐみ
構成：萩原はるな
編集：桜井紀美子
Special Thanks：荒井風野